青岛“链湾”区块链系列丛书

世界因区块链而不同

陈东敏　主　编
郭　峰　广　红　副主编

北京航空航天大学出版社

图书在版编目(CIP)数据

世界因区块链而不同 / 陈东敏主编. -- 北京 : 北京航空航天大学出版社，2017.4

ISBN 978-7-5124-2376-3

Ⅰ. ①世… Ⅱ. ①陈… Ⅲ. ①电子商务－支付方式－研究 Ⅳ. ①F713.361.3

中国版本图书馆 CIP 数据核字(2017)第 063235 号

世界因区块链而不同

陈东敏 主 编

郭 峰 广 红 副主编

责任编辑 孙兴芳

*

北京航空航天大学出版社出版发行

北京市海淀区学院路 37 号(邮编 100191) http://www.buaapress.com.cn

发行部电话:(010)82317024 传真:(010)82328026

读者信箱: emsbook@buaacm.com.cn 邮购电话:(010)82316936

北京泽宇印刷有限公司印装 各地书店经销

*

开本:710×1 000 1/16 印张:7.25 字数:100 千字

2017 年 5 月第 1 版 2017 年 5 月第 1 次印刷

ISBN 978-7-5124-2376-3 定价:39.00 元

编委会

物链科技
中国科学院计算所
众签科技

合作单位： 中关村区块链产业联盟
万向区块链实验室
中国分布式总账基础协议联盟
赛尔网络

序

近年来兴起的区块链技术是继互联网、无线通信、云计算、大数据之后计算和网络技术的又一颠覆性创新，正在引起一场新的技术变革和产业变革。区块链技术是由分布式数据存储、点对点传输、共识机制、加密算法等计算机技术交汇(Convergence)而形成的一种可用于信任传递、分布和管理价值(如货币)等与诚信关联的各种交易过程和结果的信息网络应用技术。区块链去中心化的数据结构和智能合约的基本功能使得该技术具有彻底颠覆传统金融行业和价值交易体系的巨大潜力，因此受到全球金融行业和各国政府的高度关注。虽然，区块链技术起源于数字货币的诞生，但随着人们对区块链认识的不断提升和对该技术的不断拓展，区块链的应用远远超出数字货币管理的范畴，并已延伸到各类价值和商品的交易、传输中，比如供应链管理、保险业、医疗信息、工业 4.0、知识产权管理、社会福利保障、政府和社会诚信体系的维护等。可以预言，区块链技术在各个领域的成功应用，将从根本上影响和改变社会成员、企事业机构和政府的行为。

作为新兴产业，区块链在多种场景的应用中将替代多种传统服务业。这些传统行业因广泛涉及民生和社会发展，受到各种法规的管控和监督。区块链产业的发展必然会挑战现有的法规和制度。加速区块链产业的发展，一方面需要政府的积极参与，引领产业发展生态环境的建设，有序地开放市场，建立开放的监督和管理机制；另一方面需要开发区块链技术和应用的各种新创企业加强自律和社会责任感，严格把控产品和服务的可靠性、安全性和实效性，不失信于用户和市场。建立行业协会和产业标准，要坚持营造开放和公平竞争的市场环境，要对加速发展新兴行业起到积极的推动作用。

中国在区块链的底层技术上已经形成了具有国际竞争力的自主专利技

术，应用区块链的新创技术公司更如雨后春笋般层出不穷，已经覆盖多个领域。各地政府高度重视区块链技术的落地和发展，纷纷出台扶持政策。如同互联网技术的发展，中国在区块链的核心技术和应用技术的开发上将走在世界前列。青岛“链湾”区块链系列丛书将系统地介绍区块链技术的发展史，我国自主研发的区块链的核心技术，以及区块链技术在金融服务业、医疗健康、供应链管理、食品溯源等多个领域的应用方案和案例。这套丛书的编写和出版旨在促进区块链技术产业知识的传播、人才的培养，加速区块链产业在中国的发展，提升中国在全球的竞争力。

北京大学创新研究院教授

青岛区块链研究院院长

陈东敏

2017 年 3 月

前　　言

最近两年来，从旧金山硅谷到纽约华尔街，从北京中关村到上海陆家嘴，从各国央行到各大商业银行，从联合国、国际货币基金组织到许多国家的政府研究机构，区块链已成为讨论的热点，风险投资和产业界也纷纷加大投入力度，"区块链＋"应用创新正在成为引领发展的动力。

为什么区块链会受到如此广泛的关注呢?

我们知道，互联网是工业革命以来人类最伟大的技术发明之一，因为它解决了人与人之间近乎零成本的信息传递，短短20年时间就改变了我们的生活方式。然而，目前的互联网仍然存在很多问题，其中最大的痛点就是无法低成本解决信任传递问题，导致信任的传递与价值的转移方式不得不依赖于中介，不仅成本高、效率低，而且容易产生腐败与安全漏洞。而区块链技术被认为是可以低成本解决信任传递问题的有效方案。借助区块链技术，在现有的互联网上，无需第三方中介的介入，就可以使参与者以极低的成本建立信任，并在信任的基础上进行包括支付购物、提交文件、签合同、约定记录等在内的交易活动。

但区块链究竟是什么东西呢? 有人说比特币是区块链，有人说区块链是个加密的分布式共享账本。2016年10月由国家工业和信息化部信息化和软件服务业司指导编写的《中国区块链技术和应用发展白皮书(2016)》中说，"区块链是分布式数据存储、点对点传输、共识机制、加密算法等计算机技术在互联网时代的创新应用模式"。下面我们从一个一般的区块链网络的工作原理入手，看看区块链到底是什么。为便于非专业人士阅读，后面的叙述中我们尽量回避使用专业的密码学术语。

一个区块链网络包含多个参与者(可以是人、设备，或者其中的功能)，每个参与者都有一个经过认证的身份，并连接在同一个可直达的网络上。

参与者通过这个网络完成某种事情，下面统称为交易。任何两个或多个参与者都可以在这个网络中进行交易，包括支付购物、提交文件、签合同、约定记录等。交易完成后，交易者共同把交易记录发布到网络上，每一个参与者都可以参与审核这些交易记录的合规性，包括交易人的身份验证以及交易是否合规等，并提交审核结论。审核结论由大家投票确定，最后以大家达成共识的方式把审核结论和交易记录一起存储在一个时间有序的链条上。该链条可阅读但不可更改，被分布式地存储在整个网络上。

区块链网络的特点归纳如下：

① 所有的网络参与者都参与审核，审核人身份不可抵赖；

② 以大家达成共识的方式见证、封存交易记录；

③ 封存的交易记录按时间排序，分布式地存储共享，但不可篡改。

在上述区块链网络中，对参与者的身份认证、共识决策的达成、记录的不可篡改等，是由严格的数学算法来保证公平、公正的，是用现代密码学来保证安全的，并且在互联网上由智能设备实现一系列操作。为表述方便，我们暂且把上述特点再简单地归纳为“区块链思维”：人人审核、大家见证、身份不可抵赖、记录共享但不可篡改。

其实，上述“区块链思维”并非凭空而来，它是互联网自然演进的结果。我们知道，路由器是互联网底层的基础设施，它的基本功能就是传递信息包。每个路由器的任务就是把从上一个路由器传来的信息包传递给合适的下一个路由器，直到目的地。为此，所有的路由器必须通力合作来维持一个路由信息表。如何做到这一点呢？

每个路由器都有一个身份，所有的路由器连接起来组成一个可通达的网络。每个路由器不间断地接收、整理其他路由器发来的路由信息，并把自己掌握的路由信息再公告出去。一定时间后，每个路由器就都掌握了整个网络的连接状态，当然也就知道把收到的信息包送往何处了。现实的互联网路由器要更复杂一些，但原理大致如此。

小结一下路由器的特点：人人参与发送路由信息，这些信息分布式地存储在各个路由器上；所有的路由器都共享整个路由信息，并以约定的规则更新信息。这是不是与“区块链思维”有些像？不要小看这几个特点，正因为如此，才使得互联网的结构柔韧、扁平，使得规模的扩展非常容易，使得建设与运营大大简化，从而使得互联网的综合成本大大降低。

正是基于路由器的这种人人参与、大家分享的思想，才造就了互联网的高速发展，并解决了人与人之间可靠的、近乎零成本的信息传递，短短20年时间就改变了我们的生活方式：20世纪90年代的互联网以PC为入口，成就了思科、雅虎、华为、谷歌、百度；2000年以后的移动互联网以智能手机为入口，成就了移动支付和电商。毫不夸张地说，路由器的这种“人人参与、大家分享”的思想是后来“互联网思维”的根源所在，也是“区块链思维”的早期萌芽。

但是，目前互联网正在遭遇信任危机，面临发展瓶颈。看看我们周围的互联网应用，无论是即时通信、社交网络、媒体，还是银行、电商、公共服务，都是清一色的超大规模应用中心。所有这些应用中心都已经成为或正在逐步演变成为单一的庞大权利中心：每个中心都有自己独立的用户认证、账号管理、用户交易数据管理等系统，所有的这些中心之间都相互独立，甚至相互为敌；每个中心都试图把用户积累的各种记录占为己有，并依靠垄断这些“大数据”形成的“霸权”作为自己的商业模式。

即便这样一个超大的权利中心，也很难自证清白，无法有效解决互联网面临的信任危机。譬如，当甲通过某即时通信工具向乙发送信息时，甲无法证明自己发送到乙的信息在时间和内容上都是正确的，除非乙愿意配合提供准确的记录；而乙也无法证明甲发送过来的信息在时间和内容上都没有经过他人篡改。即使引入第三方监管丙的中心化系统，甲和乙也要承担丙无法如实提供准确数据的风险。

其实，信任的传递，通俗地讲就是自证清白以及如何验证清白，这是人类社会古老的痛点。下面举个例子，看看在日常生活中，甲如何向乙自证清白，以及乙如何验证甲的清白。

① 甲提交自己对事件的详细描述，包括相关人证、物证等佐证；

② 乙首先对甲的自述进行主观分析，然后启动外调程序，就是派专人对甲所述情况及佐证进行核实；

③ 乙基于自己的分析和核实的结果，对甲的陈述给出是真或伪的结论。

这是一个相当低效费时的工作，并且有明显的系统漏洞：乙也没有办法百分之百保证参与调查的人的能力及其廉洁性。

下面我们看看在互联网上是如何进行这一工作的。举个例子，甲在一台新设备上第一次登录自己在应用中心乙（譬如支付宝或微信）注册的账号。当甲输入账号和密码后，乙通常会向甲注册的手机发送一个验证码，甲正确输入该验证码后，乙将允许甲的新设备登录。这是什么意思呢？其实，这是乙对甲做的一次身份外调，而甲的手机运营商，则是此次外调的第三方证人。当然，乙也可以采取其他的外调方法，之所以采用手机短信码验证，是因为这是目前最快捷、成本最低的方法，尽管我们已经知道这种方法也是很不安全的。

另外一个与“信任传递”关联的问题就是“价值传递”，通俗地讲就是甲向乙递交一笔费用，或支付一个“数字”。很显然，“价值传递”是“信任传递”的一个特例，我们知道，从古老的“票号”到现代银行体制，就是针对这一特例的解决方案。现代银行是如何解决价值传递问题的呢？银行本质上是一种信任中介，它通过政府或长期的商业行为建立信任，银行客户通过在银行的存款证实自己的价值，并以此为基础通过银行向第三者支付。这是一种通过一个强大的信任中介的解决方案，也是目前为止最为有效的价值传递方法。但是这种方法的代价却非常高昂：银行中介的高额运营费用，也就是价值传递的费用，必须由客户承担。

下面我们看看区块链是如何解决这一问题的。

再回顾一下区块链思维：人人审核、大家见证、身份不可抵赖、记录共享但不可篡改。下面通过一个简单的例子，说明在区块链网络中，甲如何向乙证明自己月收入为1万元、血型是O型这件事。假设有一个区块链网络，网络中的参与者包含诸多企业的人力资源部门、税务机构、相关银行、医院和学校。

① 甲向乙提交一个记录，表明自己月收入为1万元、血型是O型。该记录还包含3个佐证：自己工作单位丙的签字、税务部门丁的签字、医院戊的签字。

② 该记录经甲乙双方签字后提交至区块链网络审核。

③ 所有的网络参与者都对甲、乙的身份进行验证，对丙、丁、戊三方的签章进行核实。最后的审核结论由大家投票确定，并以大家达成共识的方式把审核结论和记录写入区块链中。

如果该记录通过了审核并被记入了区块链，则甲成功地向乙证明，自己月收入为1万元，血型为O型；同时，乙也验证了甲的陈述是真实的。

区块链的本质其实就是构建一个人人参与的、多中心的信任体系，并在此信任体系之上，实现可信任的数据共享。在没有区块链之前，譬如我们有10个机构在一起，也是可以共享数据的，方法就是这10个机构都把自己的接口开放出来，让另外9家去查阅。但是这个做法有个问题，就是不可信任：尽管可以让别人看我的数据，但毕竟我的数据归我管，我擅自改了别人也无法确认；对方的数据归对方管，对方改了我也无可奈何。区块链的意思是，让参与共享的10方共同拥有一个网络，对于其中的任何一个参与方，其写进的数据自己不能篡改，其写进的数据自己也不能抵赖。

那么，区块链网络的性能和成本如何呢？

与互联网中的路由器类似，区块链网络中的参与者需要参与部署区块链服务器。该服务器分布式地部署在网络中，即使部分服务器发生故障也不会影响整个网络的运行；整个网络结构柔韧、扁平，规模扩展容易，运营非常简单。不同的是，区块链服务器可由通用 PC 构成，而互联网路由器则是专用硬件设备；路由器处理的是路由信息，而区块链服务器处理的是信任信息。可以说，部署和运营一个区块链网络的费用不会比一个通常的互联网应用网络更高。目前，投入使用的区块链网络处理的交易量可达 1 万笔每秒。随着机器处理能力的提高和算法的升级，区块链网络的处理速度还会不断提高。

2008—2013 年，有关区块链的讨论更多地局限在以比特币为首的“币圈”，人们关注的焦点是如何更快地“挖矿”以及更简便的比特币交易。2014 年，Blockchain 2.0 概念的出现是个分水岭，人们的目光从比特币本身转移到了支撑其价值转移的底层技术——区块链。中文名称“区块链”也诞生于这一年，经过多个线上微信群和线下沙龙的多次、反复争论，“区块链”这一偏重于技术属性的称谓从“价值链”“信任链”“账链”“部落链”等诸多翻译中脱颖而出，逐渐被大多数人所接受。

目前，区块链应用已延伸到金融科技、数字资产交易、物联网与互联网应用、供应链管理、政府公共管理与社会治理、能源管理及智能制造等多个领域，有可能引发新一轮的技术创新和产业变革。如果“互联网＋区块链”解决了信任的低成本传递问题，那么它将从根本上改变人类几千年来的交易模式，使得人类社会的运作更加简单、高效。

我们看到，从互联网思维到区块链思维是一脉相承的。“互联网＋区块链”是一个多中心的、去中介的、自组织的、共享数据的可信任网络，现有的互联网应用以及传统行业将逐步被重塑，无论是即时通信、社交网络、媒体，还是银行、电商、公共服务等，都将被区块链思维重构，一个崭新的“区块链＋”应用时代正在到来。

点亮资本合伙人

中关村区块链产业联盟副理事长

郭　峰

2017 年 3 月

目　　录

第 1 章

区块链技术的起源

区块链(Blockchain)技术是比特币的底层技术,比特币是区块链技术的第一个被广为熟知的应用,也正是比特币的巨大影响力才引起了人们对区块链技术的极大兴趣和关注。要弄清区块链就必须从比特币的前世今生说起。

1.1 比特币的前世今生

比特币是一个共识网络,它促成了一个全新的支付系统和一种完全数字化的货币。它是第一个去中心化的对等支付网络,由其用户自己掌控而无需中央管理机构或中间人。从用户的角度来看,比特币很像互联网的现金。比特币也可以看作是目前最杰出的三式簿记系统。

对于货币的数字化很早就开始探索了。大卫·乔姆(David Chaum)是密码学货币的先驱。1982 年,乔姆提出了不可追踪的密码学网络支付系统,该想法被认为是比特币设计思想的雏形;8 年后,他将此想法扩展为密码学匿名现金系统,即 Ecash,并为分布式的、真正的数字现金系统提供了数学编码。按照这个解决方案,每个人都可以随身携带装有匿名现金的可充值智能卡。这种数字现金可与来自家里、公司或者政府的电子现金流畅往来,它离线工作,不会占用电话系统。

乔姆的这套方案从理论上讲是可以作弊的,但确是一种非常不错的小额离线系统。

随着计算机和网络技术的发展，性能强悍的服务器被应用到电子支付系统中，而覆盖率更高的互联网和更大的带宽为中心化的支付系统提供了强大的支持。中心化的支付系统可以弥补乔姆方案中离线以后可能产生的作弊漏洞。但是，中心化的支付系统实际上并没有从技术层面解决人们对中心服务器的信任问题，而更多的是依靠中心服务器的公信力让人们相信可以去使用。个人持有的货币只是中心服务器上的一个数字，而这个数字的安全性完全依靠中心服务器。

为了解决中心服务器的信任问题，去中心化的网络支付系统应运而生，通过将数据保存到多个甚至是大量的服务器上（这种服务器也称为节点），在服务器之间相互制衡，可以在一定程度上解决这个信任问题。也就是说，账本等数据不仅存放在银行，而且也存放在第三方服务器，甚至是自己的服务器上。1998 年，戴伟的论文提出了一种匿名的、分布式的电子现金系统B－money，B－money 强调点对点的交易和不可更改的交易记录。每台计算机都各自单独记录交易。但实际上，这样很容易造成账本的不一致。戴伟也设计了很多机制来防止作弊，但并没有从根本上解决这个问题。

与此同时，尼克·萨博（Nick Szabo）和 Hal Finney 则在尝试通过竞争的方式来解决账本不一致的问题。尼克·萨博在其发明的 BitGold 中提出了工作量证明机制（Proof of Work，PoW），也就是说，通过证明自己的工作量，在整个网络中获得胜利以后，该胜利的计算机（节点）可以获得一段时间内记账的权利并向其他网络上的计算机（节点）同步新增的账本信息。记账的计算机（节点）会获得一定的收益，以此激励节点竞争。

为了保证账本记录的一致性，数据区块的链式存储方式就被提出来了。这种链式存储的块（Block）中会包含上一块的数据散列值（Hash，又称为哈希，相当于一段数据的“指纹”）。简单地说，也就是像链条一样，将两个区块紧密地连接在一起，对其中任意一个块的修改都可以轻易地被发现。

当网络上有记账的请求时，每个节点都会基于自己当前最长的链来做自己的工作量证明。通过链式结构，工作量证明机制就可以完整地保证账本的一致性。

我们以排队的方式为例来简单地说明。每个块就像排队的人，每个人都只需要记录前面的人是谁即可，排队的时候需要排成一队，可能有人不守规矩要插队，也就是说要更改账本。工作量证明机制就像是管理员，会检查队伍，管理员认为最长的一条队伍是合法的，而不合法的分叉队伍会浪费大量的算力，所以都会按照要求重新排队。只要大部分人都按照规则执行，人们就会自觉地在最长的队伍上排队，形成唯一的队伍。而这个队伍会从记账的节点同步到所有的其他节点上，然后等待下一次记账请求。

在比特币的网络中，每一个节点都是平等为网络账本工作的，既是服务器也是客户端，形成了一个 P2P 的网络。

由此，去中心化的共识网络账本就诞生了，这套账本系统被称为区块链。

比特币自诞生开始就一直存在争议。

2013 年 8 月 19 日，德国成为首个承认比特币具有合法货币地位的国家，该货币拥有者可以用其交税和做其他用途；2015 年 9 月 18 日，美国首次将其视作大宗商品；2015 年 10 月 23 日，欧洲法院裁定比特币为合法货币。

随着西方几个主要经济体逐步承认比特币的货币属性，比特币在世界范围内进入平民百姓的视野，其影响力进一步扩大。

但是，无论对比特币的合法性是否存在争议，区块链技术的价值都已经获得了认可，区块链技术成为构建无需中间人的信任网络的重要方式。

1.2 区块链 2.0

以比特币为代表的数字货币采用的区块链技术被定义为区块链 1.0 技术，这个定义基本没有争议。对于区块链 2.0 的定义在各种书籍中的表述有所不同，但将智能合约作为区块链 2.0 技术的基本特征还是得到了广泛共识。

Melanie Swan 在 *Blockchain：Blueprint for a New Economy*（《区块链：新经济的蓝图》）中将区块链应用定义了 3 个层级：

✓ 区块链 1.0：比特币以及相关的虚拟货币。

✓ 区块链 2.0：智能合约（Smart Contract）。

✓ 区块链 3.0：除货币和金融领域外，在其他领域上区块链的应用包括政府、健康、文化和艺术等。

区块链 2.0 的典型特征如下：

✓ 智能合约：区块链系统中的应用是已编码的、可自动运行的业务逻辑，通常有自己的代币和专用开发语言。

✓ DAPP：包含用户界面的应用。

✓ 虚拟机：用于执行智能合约编译后的代码。

1.2.1 什么是智能合约

"智能合约"的理念最早出现在 1995 年，几乎与万维网同时出现，由密码学家尼克·萨博首次提出这一术语。尼克·萨博也因为比特币打下基础而受到广泛赞誉。

“智能合约”工作原理类似于计算机编程语言的条件跳转语句(if - then语句)。当一个预先约定的条件出现时,智能合约将根据预先设定的约定执行相应的合同条款。尼克·萨博在自己的网站发表的几篇文章中提到了“智能合约”的理念,他给出的定义为:“一个智能合约是一套以数字形式定义的承诺(Promise),包括合约参与方可以在上面执行这些承诺的协议。”下面让我们更加详细地探讨该定义的含义。

1. 承　诺

一套承诺指的是合约参与方同意的(经常是相互的)权利和义务,这些承诺定义了合约的本质和目的。销售合约就是这样一个典型的例子,卖家承诺发送货物,买家承诺支付合理的货款。

2. 数字形式

数字形式意味着合约不得不写入计算机可读的代码中。这是必需的,因为只要参与方达成协定,那么智能合约建立的权利和义务就由一台计算机或者计算机网络执行。更进一步地说明:

(1) 达成协定

智能合约的参与方什么时候达成协定呢?答案取决于特定的智能合约的实施。一般而言,当参与方通过在合约宿主平台上安装合约,致力于合约的执行时,合约就被发现了。

(2) 合约执行

“执行”的真正意思也依赖于实施。一般而言,执行意味着通过技术手段积极实施。

(3) 计算机可读的代码

合约需要的特定“数字形式”非常依赖于参与方同意使用的协议。

3. 协　议

协议是技术实现(Technical Implementation),在这个基础上,合约承诺被实现,或者合约承诺实现被记录下来。选择哪个协议取决于许多因素,最重要的因素是在合约履行期间被交易资产的本质。

1.2.2 智能合约的应用例子

智能合约，可以用代码的形式自动地执行合约的内容，所有的约定都事先确定并实现代码化，合约一旦启动就无法被人为干预，这样合约就会按照事先达成的协议自动地执行。

智能合约可以用在哪些场景呢？例如股票、债券、期货、贷款、抵押、产权、智能财产，甚至一些其蕴含的合约规则可以抽象为计算机可读代码的应用，都可以使用智能合约。

简单的智能合约举例：

如果我们发起一个众筹项目，希望筹款100万元建设一个乡村小学，有很多的人参与到这个众筹项目中，那么我们使用智能合约做一个合同约定，如果半年内筹集的资金少于100万元（少于100万元无法建设一所小学），那么智能合约将自动返还所有人的筹款，结束筹款；如果筹集的资金为100万元，那么智能合约将直接拨付这笔筹款，并且关闭筹款通道。

智能合约，开启了一个事先约定，并由计算机自动执行合约的全新模式，使得合约有效执行，人们在制定合约时有履行合约的保障。合约制定后是由计算机自动完成的，这样就保证了合约的可执行性，而且合约的各方均无法在合约开始后再干预合约的执行。

从2015年开始，国内大大小小的区块链创新公司都已经在供应链管理与金融、跨境贸易与金融、区块链数字资产、区块链版权管理、区块链公益基金管理、区块链旅游管理等方面展开了应用，并取得了不菲的成果。本书后续内容将对这些应用展开详细的说明。

1.3 区块链的本质:建立信任的机器

比特币的神奇之处就在于,它没有设立中央管理机构,甚至连比特币的发明人“中本聪”到底是谁也无人知晓,在全球互联网上人们缺少相互信任的情况下,通过区块链技术使得陌生人之间能够相互协作,完成需要以高度信任为前提的商品交易和货币转让等工作,让我们不得不赞叹区块链技术设计之精妙。区块链的本质——建立信任的机器。

互联网的TCP/IP协议将全世界的计算机设备连接到了一个便捷快速的信息共享的网络中,人们获取信息的量和速度达到了前所未有的程度。人们的生活方式、学习方式、工作方式都发生了翻天覆地的变化,但互联网上的应用一直都是以中心信任的方式运行的,也就是所有的信任都要依靠一个大家公认的中心来保障,如某知名的电子商务平台、某即时通信平台,无不是依赖于人们对它的信任来保证运行的。但近年来这种完全依赖中心的方法出现了许多弊端,如魏则西事件、某电子商务平台店小二腐败问题、竞价排名问题,使人们意识到某些中心也是有信任风险的。

由于中心管理的方式决定了信息中心具有超级的权限操作数据,在某种特定的情况下,数据的真实性可能会被质疑,只要有这种质疑的存在,很多的应用就无法得到开展。人们一直在思考,是否有一种技术可以使得任何参与者都没有凌驾于别人之上的权力,谁也不能任意地控制数据,数据属于大家,按照事先约定的规则共同维护。

直到区块链技术的出现,人们才看到了这一希望的曙光。区块链在本质上是一个共享、可信的公共总账,任何人都有权力对它进行核查、校验。所有人在区块链上的权力都是平等的,没有任何人有超级权限,谁也无法控制区块链上的数据。区块链系统的参与者共同维持区块链的更新。区块链系统只能根据事先约定好的规则、共识更新数据。所有的操作都在全体成员共同监督的情况下完成，并且全体成员都参与操作的校验过程，但凡有违规操作都会被及时发现和避免。

互联网打开了世界的连接，区块链基于新技术以开放透明的方式树立起公信力，互联网与区块链结合将促使具有公信力的互联网出现。

区块链这台互联网“建立信任的机器”一旦启动，所带来的世界范围内的深刻变革将是空前的。若干年后，也许我们不敢相信与自己面对面的人，但由区块链技术做保障的互联网世界倒完全值得我们信任，因为有“建立信任的机器”（区块链）帮我们监督每件事情的发生，并自动地执行着我们预先约定的协议。

第 2 章

区块链的行业应用动态

2.1 区块链产业链和生态系统

自2014年以来，有关区块链的各种公开讨论从以比特币为首的“代币”领域逐步延伸至金融科技领域，随着行业对区块链认识程度的加深，区块链在其他领域的应用也被广泛探索。以2015年5月23日在中国科学院计算机技术研究所（以下简称“中科院计算所”）召开的区块链技术研讨会为契机，区块链开始在中国被广泛关注。一方面，国家出于对数字货币的未来战略考量，组织各方力量对区块链金融进行研究；另一方面，大型IT企业、风险投资基金、创业团队等社会力量从市场化的角度出发，开始深入探索能够满足市场需求的区块链技术和创新应用。同时，以区块链为主题的技术开发平台（实验室）、产业联盟&创新孵化器、专项投资基金开始出现，这标志着区块链在中国的发展已进入到政府支持、民间探索、参与者协同发展的新阶段。

区块链作为一种与产业结合紧密、进入门槛高的技术，其创新必然比传统的互联网项目更加复杂。同时，各类区块链技术开发平台和产业联盟的出现将有利于聚集资源、促进合作、协调发展。以下简述几个目前国内较活跃的、有较大影响力的区块链技术平台及产业联盟。

2.1.1 万向区块链实验室

2015年9月，万向区块链实验室（网址：www.blockchainlabs.org）成立。

该实验室基于以太坊(Ethereum)区块链技术,开展区块链产业研究、开源项目赞助等活动,是中国首个致力于推动区块链技术的实际应用研究机构,并建立了国内首个区块链云平台——万云(Wancloud)。万向区块链实验室由万向基金、以太坊等共同设立,以太坊创始人 Vitalik 担任实验室首席科学家。此外,万向区块链实验室已在全球范围内投资了 29 个区块链初创公司,累计投资金额超过 2 000 万美金。万向区块链实验室将联合 IBM、微软、ConsenSys、以太坊、布比、Hyperledger 以及众多区块链创新企业和机构,共同打造这一项目。

2.1.2 布比区块链开发平台

2015 年 12 月,布比区块链开发平台(网址:www.bubi.cn)上线运营,这是国内首个自主研发的区块链开发 API 和开发社区,该平台也是目前国内规模最大的商用区块链应用平台,加入该平台的企业客户已超过 20 家,活跃的终端用户数已超过 890 万。布比团队源自中科院计算所,该团队自 2012 年开始从事区块链与数字资产的研究,目前已经拥有数十项核心专利技术,开发了高可扩展、高性能、高可控的区块链基础服务平台,具备快速构建上层应用业务的能力,可满足大规模用户数量的场景。

布比的产品定位是,提供商业级的区块链基础设施服务,主要包括:打造企业级区块链平台(区块链底层技术);在其上构建具有高扩展性的应用业务支撑系统(介于区块链底层技术与区块链上层应用之间)。目前布比区块链已经应用于数字资产、贸易金融、股权债券、供应链溯源、联合征信、公示公证、数据安全等领域,并正在与交易所、银行等主流金融机构开展应用合作。以多中心化信任为核心,致力于打造新一代价值流通网络,让数字资产自由流动起来。布比旗下的全资子公司布萌(上海)致力于打造一个自由流通的数字资产平台。布萌拥有一套标准化协议,在布萌平台上开发的应用之间无需对接，即可实现布萌用户之间数据信息流和价值流的互联、互通。同时，发行在布萌平台上的数字资产可以实现点到点的传递。

为了解决区块链技术在应用落地过程中可能面临的各种阻碍，布比区块链平台采用了两层结构：① 底层 BubiChain 提供区块链基础服务；② 上层 Bubi Application Adaptors 对内进行封装，对外进行适配，提供一系列符合应用场景的接口，降低应用对接的复杂度。通过大量业务模型、应用模型的数据测试分析，布比区块链在性能方面可达到秒级交易验证、海量数据存储、高吞吐量、节点数据快速同步；在扩展性方面可达到满足多业务区块结构、权限控制策略；同时，提供安全的私钥存取服务以及隐私保护方案。

2.1.3 中关村区块链产业联盟

2016 年 2 月 3 日，由世纪互联公司联合清华大学（简称“清华”）、北京邮电大学等高校，中国通信学会、中国联通研究院等运营商，以及点亮资本、布比等公司发起的中关村区块链产业联盟正式成立。联盟将在产业研究、政策建议、网络协议标准、专利体系、创业孵化、创新应用、国际合作方面展开积极探索。一是积极开展全球区块链创新合作，面向前沿技术提早布局，跨界整合，以金融需求为先导，做强产业链，构建完整产业生态，在新一轮的金融创新中，做好区块链技术的储备，打造全球的区块链创新中心。二是率先在全国开展与区块链相关的网络技术、专利、应用和协议标准体系的研究，争取在下一代网络空间基础设施建设、互联网金融、内容服务、数据交易、物联网、信息安全等领域开展创新应用。三是整合国内各行业、各地区从事区块链研究的创新主体、高端人才，争取行业领军企业、投资机构的支持和合作，共同设立产业投资基金，联合开展技术攻关和商业模式创新，形成产业发展合力。四是推动中关村企业与国际机构合作，在全球区块链产业组织中提出和分享应用解决方案，构建产业先发优势，率先掌握基于区块链的高附加值服务环节主导权，带动和孵化一批区块链企业。

很多地方政府和高校已经敏锐地认识到，通过促进区块链技术的发展，有利于占据未来信息化社会的制高点，促进传统产业升级，引进国内外技术人才，助力地区招商引资。目前，中关村区块链产业联盟已开始联手有条件的地方政府、高校等创新创业服务机构一起合作组建“区块链协同创新实验室”。该实验室采取灵活的组织方式，聚合区块链技术资源、政府及高校创新孵化服务机构、投资方、技术开发者、应用创新者、专家学者等多方资源，其目标是促进区块链技术与行业应用相结合，利用社会化力量打造产、学、研一体化的综合性实验创新平台。

2.1.4 中国分布式总账基础协议联盟

2016 年 4 月 19 日，中国分布式总账基础协议联盟(ChinaLedger 联盟，网址：www.chinaledger.com)成立。该联盟的主要任务是合作开发、研究分布式总账系统及其衍生技术，其基础代码将用于开源共享。

ChinaLedger 联盟的成员包括中证机构间报价系统股份有限公司、浙江股权交易中心、乐视金融、万向区块链实验室等 11 家单位。ChinaLedger 联盟是一个开放的组织，联盟成员能够共享联盟各项成果的知识产权，以树立成员在区块链行业的领先地位，同时进一步加强成员在各自领域内的竞争力。ChinaLedger 联盟在研究和探索中所获得的多种技术路线经验和源代码，对于成员而言都是完全公开透明的，联盟也将秉持区块链去中心化的特征，让所有成员都成为该项技术的受益者。

2016 年 10 月，ChinaLedger 联盟联合我国工业和信息化部发布了首份分布式总账技术白皮书，该白皮书提出了包含特权机制、隐私机制在内的一批针对性解决方案。这也是首个落地的区块链官方指导文件。

2.1.5 金链盟

2016年5月31日，由微众银行、平安银行、招银网络、恒生电子等共同发起的金融区块链合作联盟（简称“金链盟”）成立。腾讯、华为、京东金融等知名企业也加入了该联盟。金链盟的成员中，七成是金融机构，三成是金融科技企业和互联网企业。

金链盟是非盈利性联盟体，将以技术标准为纽带，整合及协调金融区块链技术研究资源，探索、研发和实现适用于金融机构的金融联盟区块链以及相应的应用场景。2016年9月底，微众银行联合华瑞银行开发的基于联盟型区块链技术的银行间联合贷款清算平台投入试运行，其将用于优化两家银行“微粒贷”联合贷款的结算、清算。这个清算平台使得两个真实的银行机构可以通过区块链进行数据交换验证，完成实时清算。目前，微众银行正在探索理财产品一、二级市场的应用场景，利用共识、一致性等区块链特性，连接理财产品发行方、销售机构，让产品发行、申购、转让、赎回、查询、结算等业务流程都可以在区块链上实现。而在微信支付、QQ钱包、理财通等腾讯金融场景，底层账户体系已经开始尝试私有区块链的思想，以保护用户的资金和财产安全。

2.1.6 中国区块链研究联盟

2016年1月5日，全球共享金融100人论坛在北京宣布成立“中国区块链研究联盟”。它是一个学术研究平台，强调推动整个区块链应用的规范化、标准化，打造区块链技术的市场应用，希望形成区块链研究领域具有高端学术品位和较强国际影响力的具有中国特色的新型智库。

2.2 国内外区块链应用及发展现状

区块链在互联网架构中属于应用层，与支持浏览器的HTTP协议、电子邮件的SMTP/IMAP协议等同属一层。如果从产业功能的角度或从产业链定位角度再适当细分，则可进一步把区块链分解为3个子层：区块链技术底层、区块链中间层和区块链应用层。如图2.1所示，区块链技术底层包括数据安全体系、共识算法与协议、数据存储与传输等；区块链中间层包括应用接口、行业平台服务等，不同底层平台之间的协议转换与大数据服务也可列入该层；区块链应用层包括各种具体的应用与业务逻辑，例如金融应用、存证应用，以及物联网、物理资产数字化等，这是“区块链＋”应用创新的主战场。

目前，国内外区块链领域的创新创业项目主要有3类：第一类是“底层技术”项目，第二类是“底层技术＋应用”项目，第三类是“区块链＋”项目，是纯应用项目。第一类项目很少，技术门槛相对较高，团队中常常需要多位具有博士学位的创业者。声称是第二类项目的团队很多，但真正有此能力的却很少，其中大多数是从比特币交易与比特币钱包转型来的团队。而真正具有发展潜力的是第三类项目，也就是“区块链＋”项目，包括“区块链＋金融科技”“区块链＋物联网”“区块链＋供应链管理”“区块链＋公共管理与社会治理”“区块链＋能源管理”等多个领域。

2.2.1 国外发展情况

美国是区块链技术的发源地，也是创新应用的主战场。国外在区块链

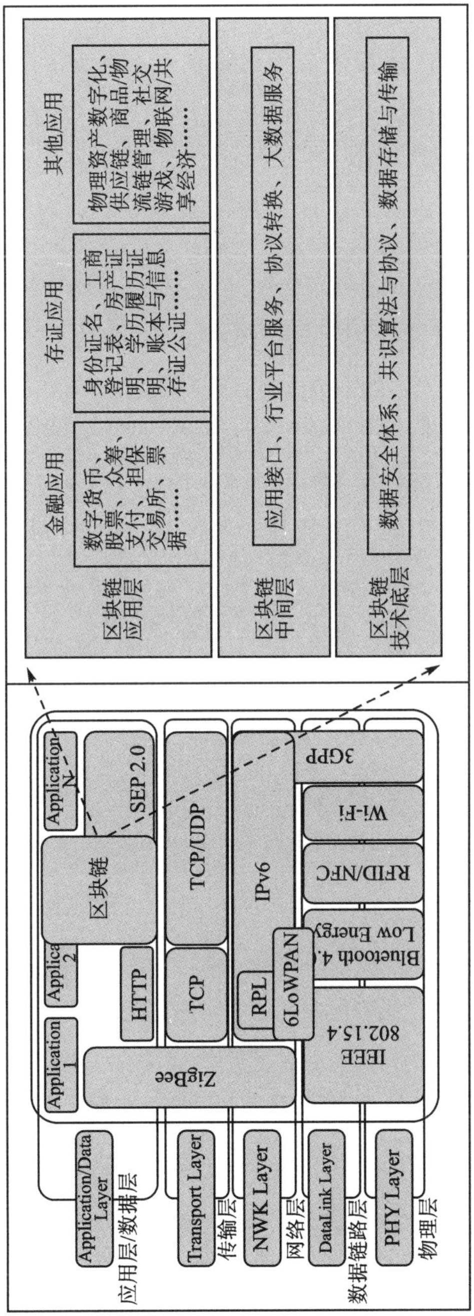

图2.1　区块链功能分层示意图

领域的投资始于2012年左右,2015年开始呈爆发式增长。目前区块链已经成为全球互联网及金融科技领域炙手可热的投资领域。据KPMC和CB Insights统计,2015年区块链市场吸引投资已从2011年的300万美金上升到2015年的4.74亿美金。截至2016年第一季度,累计投资额11亿美金,投资公司数量也从2011年的个位数上升到74家。以下简述若干行业中影响较大的代表性项目。

Axoni是一家纽约区块链创业公司,专注于区块链和分布式账本领域,其目标是为主要的金融公司提供服务。Axoni已联合一些金融公司运行了多个智能合约和数据管理应用实验,参与者包括巴克莱银行、瑞士信贷集团、摩根大通、花旗银行、汤森路透(Thomson Reuters)等公司。

Chain创立于2014年,是一家业界知名的加州初创企业,他们帮助机构与企业定制部署区块链基础设施。2015年,Chain完成了新一轮3 000万美元融资,投资方包括Visa、纳斯达克、花旗风投、RRE Ventures、第一资本金融公司、Fiserv、Orange SA等金融巨头。

数字资产控股(Digital Asset Holdings)公司的产品是为金融机构的结算与清算提供分布式账本解决方案。荷兰银行(ABN AMRO)、埃森哲(Accenture)、澳洲证券交易所、法国巴黎银行、Broadridge金融解决方案、花旗银行、芝加哥交易所风投、德意志交易所集团、ICAP、桑坦德风投、证券托管清算公司(DTCC)以及PNC金融服务集团等机构都参与了数字资产控股公司首轮6 000万美元的融资。

Ethereum是一个区块链开发平台和一种编程语言,使开发人员能够建立和发布下一代分布式应用。Ethereum可以用来编程,处理各种交易,例如投票、域名、金融交易所、众筹、公司管理、合同、知识产权等,被认为是下一代智能合约和去中心化应用平台。

超级账本(Hyperledger)是Linux基金会于2015年发起的推进区块链数字技术和交易验证的开源项目,加入成员包括荷兰银行、埃森哲等上百个不同利益体，目标是让成员相互合作，共建开放平台，满足来自多个不同行业的各种用户案例，并简化业务流程。

Nasdaq Linq是一个区块链私募股权交易平台。2015年10月，纳斯达克在拉斯维加斯发布了其区块链产品Nasdaq Linq——第一个基于区块链对资产交易进行数字化管理的平台，同时是非上市公司股权管理工具，作为纳斯达克私募市场的一部分，为企业家和风险投资者提供交易所的全套服务。

Ripple是一家成立于2012年的非常成功的区块链技术公司，其主要业务是帮助银行让跨境支付更便捷，核心产品是Ripple协议，本质上是一个实时结算系统。Ripple已经完成了30多个实验项目，并为10多家全球顶级银行提供服务。

R3CEV是一家总部位于纽约的区块链创业公司，由其发起的R3区块链联盟至今已吸引了80多家银行巨头和金融机构参与。R3CEV的产品是分布式账本应用平台Corda，目前已开源供免费使用。R3开源的代码与其向超级账本项目贡献的内容一致，后者是由Linux基金会主导的区块链项目。

SETL成立于2015年7月，提供以区块链技术为基础的多种资产多币种支付及清算服务。该公司于2016年夏天完成了首轮融资，投资者为德勤资本。

Symbiont起源于Counterparty(合约币)项目，2016年1月获得700万美元的投资。根据该公司的网站介绍，其正在建立第一个用于发行区块链智能证券和交易智能证券的平台。智能证券是一个描述智能合约的术语，其可用特定的规则进行编程。

Circle是一家初创企业，2013年成立于波士顿，主要业务是基于区块链技术的社交支付。通过Circle的APP，用户可以在无需手续费的情况下，以发送消息的形式发起即时的转账、收付款，并且在比特币区块链技术的支持下,支付行为可以跨国界、跨体系,实现全球范围内更便捷、安全的货币流转。

Filament 是一家美国初创公司,成立于 2012 年。该公司基于建立在无线网状网络上的区块链协议,能够使设备持有独特身份,通过创建一个智能设备目录,使设备可以进行安全沟通、执行智能合同以及发送小额交易。初期市场的切入点主要是针对工业级市场,包括能源(石油、天然气)、农业、制造业,帮助它们利用分布式网络提升设备的利用效率。

LO3 Energ 是一家位于纽约的初创公司,成立于 2012 年。该公司提供基于区块链技术的能源管理技术,利用该技术,当电网内用户的屋顶太阳能发电超过需求时,可把剩余的电量出售给社区的邻居,并以区块链代币来结算。

Follow My Vote 是美国的一家公益性公司,目的是打造基于区块链技术的安全开源在线投票软件,用于公平自由的在线选举。

2.2.2 国内发展情况

国内区块链技术发展紧跟国外,而且在应用领域还有所创新。从 2014 年开始,国内出现了相关区块链 2.0 创业公司,之后创业公司的数量不断增长。经过 2015 年和 2016 年市场的培育,国内逐渐形成了以底层技术为支撑、以中间层为衔接、以应用层为市场突破点的区块链生态体系。部分底层技术平台与应用类项目已实现落地:2015 年 12 月,中国第一个区块链开发平台"布比区块链"上线运营;2016 年 3 月,万向区块链实验室发布"万云区块链云平台";2016 年 3 月,阳光保险联手布比推出了基于区块链技术的"阳光贝"积分产品,这是除代币应用之外中国第一个区块链示范应用;2016 年 4 月,格格积分平台上线,推出了中国首个资产型的区块链积分平台;2016 年 8 月,作为综合区块链数字资产平台的布萌上线,目前,布萌已经广泛地应用在商业积分、游戏币、预付卡、电子券、保险卡单、证券化资产等各个领域，拥有超过890万的终端用户。2016年9月，万向区块链实验室与以太坊基金共同举办了上海区块链国际周。

目前，国内区块链技术的发展已完全脱离比特币的范畴，独立的区块链技术平台正在兴起，基于各种底层区块链技术平台的应用与行业服务平台也纷纷涌现，可以说，“区块链＋”应用的序幕已经拉开。从2016年上半年开始，国内各种区块链论坛和区块链创业团队如雨后春笋般增长，不少区块链创业团队纷纷获得风险投资。表2.1列出了国内部分获得风险投资的区块链创业公司的情况。

表2.1　国内部分获得风险投资的区块链创业公司一览

（截至2017年2月，不完全统计）

公司名称	业　务	时　间	轮　次	融资金额	投资方
赞赏	版权众筹	2015—2016	天使轮	900万元	峰瑞资本
维优咨询	区块链技术	2015—2017	天使轮	数百万元	Pre - Angel
唯链 VeChain	供应链溯源	2015—2018	未公布	数百万美元	分布式基金
PDX	区块链技术研发	2015	天使轮	180万美元	云脑基金
快贝网络	区块链服务提供商	2016.04	天使轮	500万元	前海汇潮、投资网
水滴互助	网络互助平台	2016.05	天使轮	1 500万元	IDG、高榕资本、新美大、点亮基金、真格基金
保全网	电子数据存管机构	2016.05	天使轮	数千万元	未披露
物链	供应链溯源	2016.05	天使轮	数百万元	点亮资本
人人互助	网络互助保障平台	2016.06	天使轮	数百万元	91金融
同心互助	网络互助保障平台	2016.07	A轮	数千万元	未披露

续表 2.1

公司名称	业　务	时　间	轮　次	融资金额	投资方
金股链	区块链众筹应用平台	2016.07	天使轮	500 万元	创势资本、金艮资本
云象区块链	企业服务应用	2016.07	天使轮	300 万元	临潮资本
布比区块链	区块链技术与服务	2016.08	Pre－A 轮	3 000 万元	启赋资本、招商局资本、创新工场、界石资本
纸贵版权	互联网版权	2016.08	种子轮	100 万元	未公布
趣链科技	区块链技术研发	2016.09	未公布	1 750 万元	浙大网新、信雅达、浙江君宝通信
钜真金融	区块链技术研发	2016.09	未公布	1.5 亿元	万向控股、万向分布基金
数链科技	数字凭证、公开账本	2016.09	种子轮	数百万元	点亮资本、金艮资本
网录科技	数据存证、数字资产、供应链金融、防伪溯源等领域区块链底层技术应用开发	2016.11	天使轮	千万元	大河创投、分布式资本
能链众合	能源区块链	2016.11	天使轮	千万元	北京金科君创、上海古莲资本
融识科技	数字资产钱包	2016.11	种子轮	200 万元	天使湾创投
金丘股份	面向小微资产和消费金融资产证券化的智能云平台	2016.12	新三板定增	1.4 亿元	中南建设、行早资本
BTC123	区块链门户和比特币门户	2016.12	A 轮	千万元	光照资本等

续表 2.1

公司名称	业　务	时　间	轮　次	融资金额	投资方
法大大	电子签名	2016.12	B 轮	6 000 万元	伯藜创投、和盟创投、博将资本、一方集团
银链	区块链公共技术开发平台	2016.12	未公布	150 万元	南京市政府
量子链	基于权益证明共识机制的智能合约平台	2017.01	未公布	100 万美元	陈伟星、Anthony Di Iorio、新加坡 David Lee、中国香港 JeHan Chu、沈波、李笑来以及国内数家主流交易所的负责人
众签	电子合同存证	2017.02	Pre－A 轮	千万元	点亮资本、分布式资本、启迪创投、百咖创投
众享比特	私有链技术	未公布	未公布	700 万美元	光速安振、信中利投资集团和云脑资本

目前，区块链应用已延伸到金融科技、数字资产交易、物联网与互联网应用、供应链管理、政府公共管理与社会治理、能源管理、智能制造等多个领域，有可能引发新一轮的技术创新和产业变革。

2.3 布比区块链平台：用户数最多的国产区块链底层技术

布比区块链是由布比团队开发，具有高可扩展性、高性能的区块链基础服务平台，致力于打造让数字资产能自由流动起来的新一代价值流通网络。为了实现这一愿景，布比于 2016 年 3 月推出了其互联网产品——布萌数字资产网络。布萌作为区块链行业的第一个数字资产网络，在 2016 年诞生至今的一年时间里，已经有近 20 个机构接入，发行资产上千种，资产价值超 10 亿元，是区块链行业名副其实的“标杆”案例。

2.3.1 为什么会有布萌

随着互联网技术的飞速发展，数字资产的概念已经渐入人心，应用领域也越来越广泛：纸币变成了手机里的数字，餐饮可以手机支付、网上可以预约购票，合同可以网上签名……数字资产给生活带来了极大的便利和快捷，并且正在逐步改变我们的生活方式和观念。依托互联网服务，数据不仅是虚拟网络中的代码，而且常常和人们现实生活中的资产相关联。伴随着生活数字化得不断加深，我们或许应该思考这么一个问题：资产数字化之后，代表实际资产的这一串数据的权限应该属于谁？理论上，谁拥有资产，谁就该拥有代表这项资产的数据，即数据应该属于用户。

实际上，用户所享受到的互联网服务都是由中心机构提供的，比如微信、淘宝、Facebook 等，中心机构在为用户提供服务的同时，也拥有对用户数据的最高权限。所以，我们会发现互联网服务的一个现象：虽然用户拥有资产，但代表着这个资产的数据却被中心机构所掌控。这会带来很多问题，比如数字信任、资产不能自由流通、隐私得不到保障等。一旦中心机构基于自己的利益对用户的利益进行损害，比如中心机构篡改用户数据，用户常常是无法阻止的。

现有的中心化存储数据的方式已经出现了问题，比如京东用户数据泄露、易租宝删除用户数据、互联网假彩票事件等。

数据由中心机构拥有，这使得数据的可信度降低或者说信任成本变高。一般像政府或者支付宝这样具备一定规模的机构，才会容易赢得用户的信任，用户才会放心地将资产交由该中心机构代管。当然，并不是用户信任机构，信任问题就完全解决了。中心机构本身始终是网络安全中的瓶颈，一旦中心机构冗余措施不完善，也会给用户带来体验危机，甚至资产损失危机。比如，深受用户信任的支付宝，曾因杭州萧山电缆被挖断而导致全国数地支付宝出现网络故障。

区块链的诞生，凭借其不可篡改、共享共识的特性可以确保用户数据不会被某一方所掌控，进而成为新的数据存储解决方案。但作为新兴技术，区块链底层代码的晦涩难懂一直让众多开发者和机构苦恼。布萌依托布比区块链的底层技术，将上层应用所需要的功能组件进行封装，通过提供 API 接口，向第三方提供服务。企业或开发者只需注册成为布萌开发者即可获得接口使用权限，然后在其基础上构建自己的上层应用。平台提供开发者及运维所需要的可视化管理工具，包括配置、监控、数据分析、区块链浏览器等。

2.3.2 什么是布萌

布萌主要由以下两部分组成：

1. 布萌开发者社区

开发者通过布萌提供的 API 接口，可以快速搭建自己的区块链应用。

开发者只需在布萌官网注册，即可获得布萌开发者 ID 和密钥，在测试环境下进行 API 接口使用，测试完成后通过审核即可正式上线。这极大地提高了开发效率，为开发者带来了便利，也为布萌区块链的进一步发展打下了基础。

目前，在布萌注册的开发者已达 600 多人，其中既有企业开发者，又有个人开发者，他们将在布萌这个网络中扮演服务提供者、资产流通者的重要角色。这也是布萌最为看重的资源。

2. 布萌数字资产网络

布萌采用区块链技术建立了一个公共的网络，让足够多的参与者及其节点加入到这个网络中，一起参与记账。基于该网络进行的交易都会存储在所有节点上，单一机构对于自身节点数据的修改无法通过其他节点的数据验证，从而保障了数字的真实性。

已发生的数字资产流通真实可信，且存储于共享的数据库中，后续再发生的数字资产流通也不依赖发行方系统，这极大地提高了资产流通的效率，也给我们的生活带来了便捷，从而构建起一个未来的布萌数字生态。

图 2.2 所示是布萌的商业架构图，由多方组成，包括有资质发行数字资产的机构、开发者、渠道方、用户等。有资质的机构在布萌上发行数字资产（积分、游戏大局、理财产品等），基于开发者提供的服务和渠道方（通兑平台、交易所等）的流通实现资产价值的最大化；开发者通过提供服务获得价值；渠道方通过参与流通获得收益；用户可以通过由开发者提供的区块链服务来管理自己的账户、资产和数据，真正做到自己的数据自己做主。随着这个数字资产网络的运转，还会建立完善的服务信誉体系和用户信誉体系，这样就会有更多类似于银行这类的资金方参与进来，进行一些投融资的商业合作。

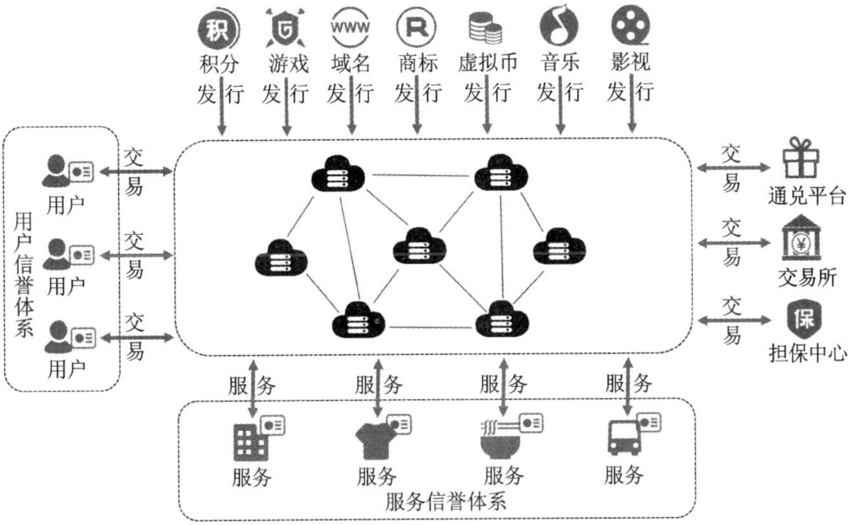

图 2.2 布萌的商业架构图

2.3.3 布萌的优势

1. 建立信任

使用布比区块链，布萌从技术层面建立多中心化的数据信任。在布萌平台上发行的资产、交易产生的数据，是由平台上的机构共同维护的，有统一共识机制保障，不可篡改。这不仅意味着机构与机构间的信任，而且还带来机构与用户间的信任。以接入布萌的钱香金融为例，通过区块链的技术，用户购买黄金的凭证没有人可以剥夺。

2. 资产数字化

数字资产可以是已经数字化的资产，也可以借助平台将现实资产映射成数字资产在链上发行与流通。目前，布萌网络中的数字资产包括积分、保险卡单、理财产品、数字黄金等。

3. 自由流通

资产一旦在布萌区块链上发行,后续流通环节就可以不再依赖发行方系统,在流通中,资产由单中心控制变成社会化传播,任何有资源的渠道都可能成为资产流通的催化剂。因此,布萌极大地提升了数字资产流通效率,真正达到"多方发行、自由流通"。

4. 实时清算

区块链"交易即结算"的基本特性使得实时清算成为可能,大幅提高了交易后处理的效率,实现了资产流通情况的实时查询功能。布萌用户可以通过"公示"页面查询资产和交易情况,其相关功能正在进一步完善中。

5. 资源丰富

布萌网络拥有丰富的商业资源,已经有很多机构加入进来:钱香金融、华安保险、阳光保险、众托帮、斑马社等,已发行资产达数千种,月交易超百万笔,资产价值超 10 亿元。无论是开发者还是企业,在这个网络上都"大有可为",从而获得自己的商机和价值。

2.3.4 布萌的未来

布萌的愿景是:资产自由流通,数据自己做主。为了达到这一目标,布萌将运用区块链技术解决数据归属权利的问题,并依托社区化运营的方式吸引大家(包括开发者、企业和用户)共同建立一个自由、平等的数字生态网络。

布萌总经理杨帆表示:"布萌是不联盟的意思,代表了区块链自由的思想,布萌目前合作的有资产端、开发端、用户端,未来会设立投资端。布萌里面的资产由企业的信誉背书,并且会在布萌公示,数据真实可信,为自由流通奠定了基石,最终会成为一个完整的数字生态圈。"

布萌是一个集区块链开发和数字资产于一身的区块链数字资产网络,

其凭借区块链技术多中心化、交易过程高效透明、数据高度安全的特点，吸引人们主动自愿地成为数据和价值的提供者与使用者，进而共享整个数据体系，最终打造一个数字资产自由流通的价值网络。

2.4 超级账本

2.4.1 超级账本概述

超级账本(Hyperledger)是 Linux 基金会于 2015 年发起的推进区块链数字技术和交易验证的开源项目，目标是让成员共同合作，共建开放平台，满足来自多个不同行业的各种用户案例，并简化业务流程。由于点对点网络的特性，分布式账本技术是完全共享、透明和去中心化的，故非常适合在金融行业中应用，以及其他的一些行业，例如制造、物联网等。通过创建分布式账本的公开标准，实现虚拟和数字形式的价值交换，例如资产合约、能源交易、结婚证书，能够安全、高效、低成本地进行追踪和交易。

Hyperledger 项目汇集了金融、物联网、供应链、制造等各界开发人员的心血，目的是打造一个跨领域的区块链应用。随着网络技术的不断发展，区块链也从比特币中脱离出来，开始在其他领域发挥重要作用。在区块链中，基于 P2P 网络的分布式记账系统通过一定的机制获得共识，并且在节点上执行“智能合约”。Hyperledger 作为区块链最重要的应用之一，已被市场当作开发未来金融市场所需要的交易网络、代币和去中心化的智能社区的重要手段。得益于它的内在特性，Hyperledger 将大大降低交易的成本和复杂度。回顾近年来信息技术的发展，开源社区激发出的创造力已让区块链技术在主流商业应用上崭露头角。

2015 年 12 月，Linux 基金会牵头，联合 30 家初始成员（包括 IBM、Accenture、Intel、J. P. Morgan、R3、DAH、DTCC、FUJITSU、HITACHI、SWIFT、Cisco 等），共同宣告了 Hyperledger 项目的成立。随后，超过 80 家企业和机构（大部分为各自行业的领导者）宣布加入 Hyperledger 项目，其中包括 13 家来自中国的公司：艾亿新融旗下的艾亿数融科技公司（2016.05.19）、Onchain（2016.06.22）、比邻共赢（Belink）信息技术有限公司（2016.06.22）、BitSE（2016.06.22）、布比（2016.07.27）、三一重工（2016.08.30）等。Hyperledger 在其官网上公布了最新的成员，截至 2017 年 2 月 28 日，已经有 122 家企业支持这个由 Linux 基金会牵头发起的区块链项目。

2.4.2 超级账本的结构

作为一种新兴技术，现有的区块链技术已不能满足商业交易中各种复杂的应用需求。可扩展性挑战、对机密和隐私交易支持的不足以及其他限制，使其在很多关键业务系统中不可使用。为了及时部署弹性平台、支持跨行业的应用需求，所以需要轻量级、模块化和通过配置插入各种组件（交易验证器、阻止协商一致等）支持可扩展的平台。为了满足当今市场的各种需求，Hyperledger 的设计以一系列行业应用为前提，克服了现有技术的缺点，从而使业内先行者的工作得到延伸。

图 2.3 所示为 Hyperledger 的架构，包括 4 个大类：身份识别服务（Identity Service）、策略服务（Policy Service）、区块链服务（Blockchain Service）和智能合约服务（Smart Contract Service）。这些分类都是 Hyperledger 的逻辑结构，而不是将组件划分成独立的进程、地址空间或虚拟机的物理描述。

1. 身份识别服务

身份识别服务（见图 2.4），负责管理诸如资产、智能合约这样的实体、参

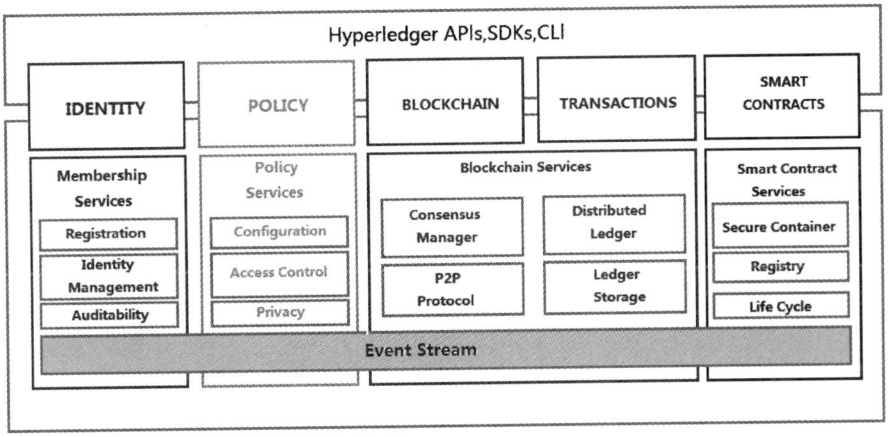

图 2.3 Hyperledger 的架构

与者和分类账对象的身份识别。参与者通过注册获取身份，之后通过授权机构发放的密钥进行交易。

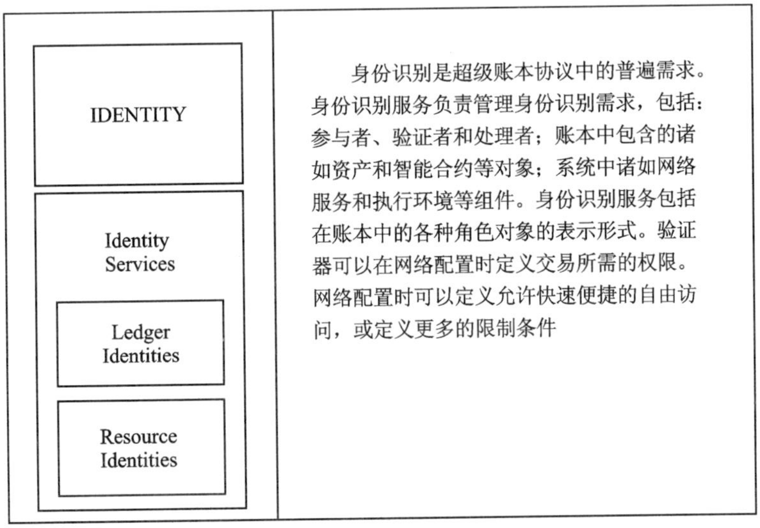

图 2.4 身份识别服务

2. 策略服务

策略服务（见图 2.5），负责管理访问控制、隐私、联盟规则、共识规则等。

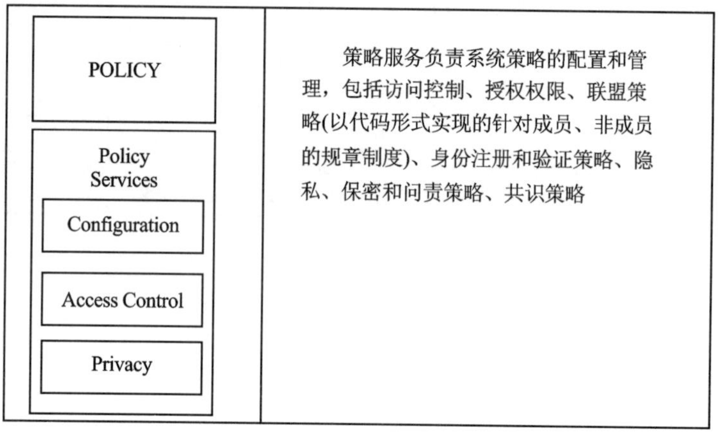

图 2.5　策略服务

3. 区块链服务

区块链服务（见图 2.6），负责通过点对点通信协议管理分布式账本。经过优化的数据结构可以有效地维护在众多参与者间复制的整体状态信息。不同的共识算法或将嵌入每一个配置中，以保证高度一致性（通过 BTF 算法处理错误，通过崩溃容忍机制处理延迟和中断，或借助工作量证明方案应对审查）。

4. 智能合约服务

智能合约服务（见图 2.7），负责提供安全且轻量级的方式以验证节点上智能合约的执行封装（沙盒化）。

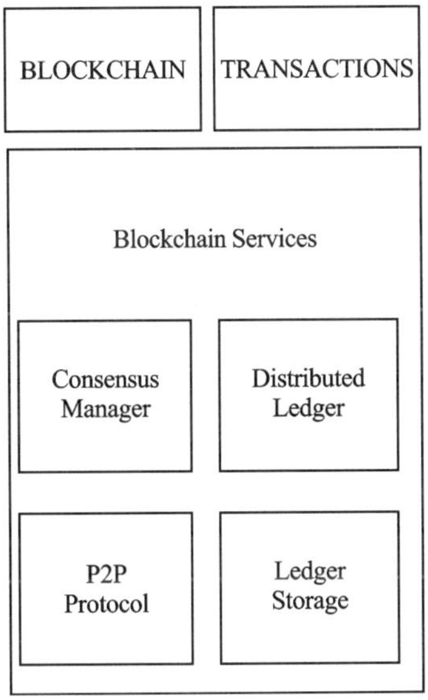

区块链服务包括3个关键组件：点对点(P2P)协议、分布式账本和共识管理器。

①点对点(P2P)协议支持的功能：双向数据流、流量控制和连接的请求复用。最重要的是，它可以在现有的互联网基础设施中使用，包括防火墙、代理服务器及安全设备。这个组件定义了对等节点所使用的信息，可以是点对点，也可以是组播。

② 分布式账本通过对交易的处理和校验、更新和维护账本中对象的状态来管理区块链以及整体状态信息。

- 有效计算每个区块后部的整体数据集的哈希加密值。
- 当某个节点状态不同步时，向数据集有效传递数据变化量。
- 尽量减少对每个节点操作所需的存储数据的数量

图 2.6　区块链服务

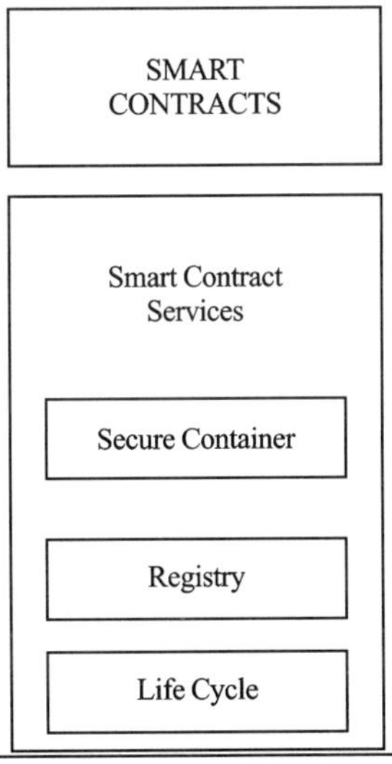

如前面章节定义，智能合约是一组运行在验证节点上的去中心化交易程序。

智能合约服务包括安全运行环境、智能合约注册以及生命周期管理

图 2.7　智能合约服务

2.4.3 Fabric 项目介绍

Fabric 是数字事件(交易)的账簿,这个账簿由多个参与者共享,每个参与者都在系统中拥有权益。账簿只有在所有参与者达成共识的情况下才能更新,并且信息一旦记录就永远不能修改。每个记录的事件都可以基于参与者的共识证明使用密码学进行验证。

交易是安全、私有和保密的。每个参与者都使用身份证明向网络成员服务(Membership Service)注册以获取系统的访问权限。参与者使用不可追踪的导出证书生成交易,可以在网络中完全匿名。交易的内容使用由密钥导出的复杂函数进行加密,确保只有指定的参与者才能够看到内容,以保护商业交易的机密性。

账簿的全部或者部分可以审计以满足监管要求。在参与者合作的情况下,审计人员可以获取有限时间的证书来查看账簿和交易详情,从而对运营情况进行准确的评估。

Fabric 是区块链技术的实现,比特币可以作为一种简单的应用在 Fabric 基础上构建。Fabric 采用了模块化的构架,允许不同的组件在实现协议的基础上即插即用,可以使用强大的容器技术来运行主流编程语言以进行智能合约的开发。使用熟悉的和已验证的技术是 Fabric 构架的宗旨。

2016 年 3 月,在 Linux 基金会的推动下,超级账本项目正式把 Blockstream、数字资产控股公司以及科技巨头 IBM 这 3 个项目成员贡献的代码合并为一个新的代码库,形成一个新的企业级区块链的基础。这个代码集合被称为 Hyperledger Fabric。

Fabric 致力于在一个共识网络内,对指定资产的信息进行互换、维护和调阅。Fabric 的架构支持模块的插拔,例如共识模块、会员模块等。它将进一步推广“智能和约”在容器技术中的应用,从而实现在各种商业场景的应用。

Fabric 目前主要包括 3 部分：

✓ fabric（Gerrit）；

✓ fabric - api（Gerrit）；

✓ fabric - chaintool。

其主要功能包括：定位许可制区块链，由 Go、Java 语言实现运行任意智能合约，用户定义的智能合约封装在 Docker 容器中执行；系统智能合约与节点运行相同的进程；共识算法是可插拔的，目前支持使用 PBFT；通过证书颁发机构（CA）提供 TLS 证书、登录证书和交易证书；使用 KV 持久化数据存储，支持 RocksDB、LevelDB；支持预定义和定制事件的事件框架；与 Fabric 交互的客户端有 Node.js、Python SDK；支持基本的 REST API 和 CLI。

Fabric 的构架如图 2.8 所示，由成员服务（Membership Service）、区块链服务（Blockchain Service）和链码服务（Chaincode Service）3 个主要类别构成。这些类别仅仅是 Fabric 的逻辑结构，并不是在物理上将组件划分成不同的进程、地址空间或者虚拟机。

1. 成员服务

成员服务用来管理节点身份、隐私、保密性和可审计性。在一个没有权限设置的区块链网络里，参与者不要求被授权，所有的节点都被视作一样，都可以去提交一个交易，把这些交易存到区块中。成员服务可以凭借公钥基础设施（Public Key Infrastructure，PKI）、去中心和共识机制使没有授权的区块链变为有授权的区块链。

2. 区块链服务

区块链服务使用建立在 HTTP/2 上的 P2P 协议来管理分布式账本；提供最有效的哈希算法来维护 world state 的副本；采取可插拔的方式根据具体需求设置共识协议，比如 PBFT、Raft、PoW 和 PoS 等。

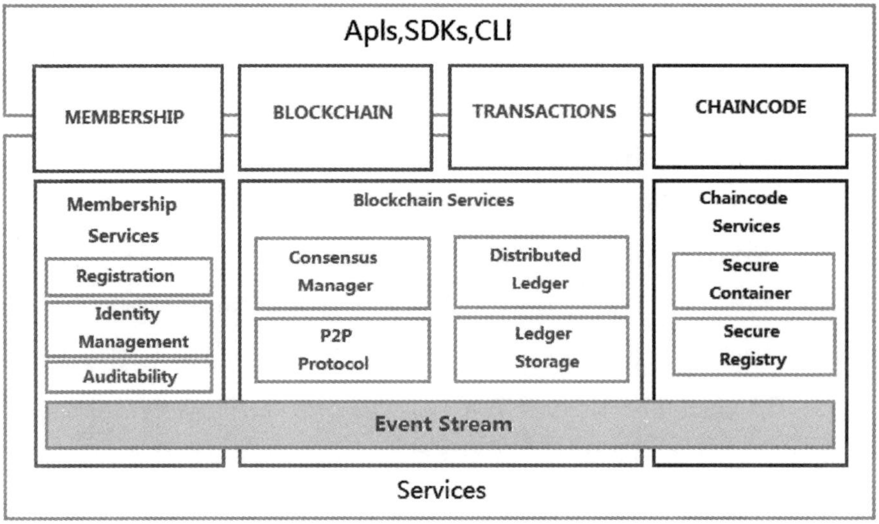

图 2.8 Fabric 的构架

3. 链码服务

链码服务会提供一种安全且轻量级的沙盒运行模式，以便在 VP 节点上执行 Chaincode 逻辑。这里使用 Container 环境，里面的 base 镜像都是经过签名验证的安全镜像，包括 OS 层和开发 Chaincode 的语言、runtime 和 SDK 层，目前支持 Go、Jave 和 Node.js 开发语言。

2.4.4 其他子项目

除了 Fabric 之外，Hyperledger 也衍生出其他几个有潜力的项目，下面将一一介绍。

Blockchain - explorer① 是为了便于 Hyperledger 应用浏览/查询区块信息、交易相关信息、网络信息（名称、状态、关联节点）、智能合约信息（浏览、

① 项目地址：gerrit.hyperledger Code Review - blockchain - explorer.git/summary;a=summary。

调用、部署、查询)和其他相关信息而设计的Web应用。它是由IBM公司的Dan Middletonmiais和Pardha Vishnumolakala提出的。

Cello[①]是一个用于部署区块链服务BaaS(Blockchain as a Service)的工具,它可以帮助用户降低创建、管理和删除区块信息的复杂度。Cello的意义在于,它让区块链的定制化成为可能。也就是说,Cello可以在多种环境下,例如裸机、虚拟机和其他容器,提供有自治的多租户服务。

Hyperledger Iroha[②]项目是由Makoto Takemiya(Soramitsu)、Toshiya Cho(Hitachi)、Takahiro Inaba(NTT DATA)和Mark Smargon(Colu)提出的,目前正处于孵化阶段。Hyperledger Iroha项目的目的是将分布式账本技术便捷地应用在现有的基础项目上。

Sawtooth Lake[③]是Intel主导的区块链应用组件,目的在于实现区块链技术的多用途和可扩展性。从物联网到金融,人们已经尝试将分布式账本技术应用在多个领域。Sawtooth Lake架构将兼顾各类不同的需求。Sawtooth Lake支持有许可和无需许可的不同方式,并引入了新的共识算法:PoET(Proof of Elapsed Time)。PoET可以减少机群达到共识所消耗的资源。交易逻辑的管理由Transaction Families负责,从共识管理层剥离,这样将大大减少交易逻辑的约束。

2.4.5 行业应用

1. 金融资产处置

诸如证券这样的金融资产,若能在区块链网络上实现去中心化,那么所有资产的利益相关方就不需要通过层层的中间环节而直接访问每个资产,

① 项目地址:hyperledger/cello。
② 项目地址:https://github.com/soramitsu/iroha。
③ 项目地址:hyperledger/sawtooth - core。

进而发起交易和获取相关信息。交易可以在利益相关者商定的时间期限内解决，交易也可以实现实时结算，而作为利益相关者，可以实时掌握资产情况。对于任何种类的资产，利益相关方都应该有权增加业务规则，这样也能通过自动化逻辑的应用来进一步降低成本。创建资产的人必须像用例保证的那样，实现资产和相关交易规则的保密或者公开。例如，资产创建者应该能够创建资产，而这一资产的交易记录以及交易模式对于利益相关者之外的群体是不可见的，甚至创建人本身也不能访问。

2. 协　作

公司 A 发起一个协作的事件请求，无论这个过程涉及多少中间环节（如代理接收/支付、CSD、ICSD、本地/全球保管银行、资产管理公司等），公司 A 都需要将邀请的完整细节信息实时发送给利益相关者。一旦利益相关者做出交易决策，那么这个决策也需要被实时处理完成（包括作为协作事件一部分的新增份额）。如果需要，那么投资者的响应会被保密，这样他们就可以基于价值做出决策，而不用担心自己的操作行为所带来的负面影响。

3. 供应链

区块链的框架必须满足供应链中每一位参与者的如下需求：录入并追踪原材料的来源；记录部件生产的遥测数据；物资运输跟踪；保证包括成品生产、存储、销售及后续事宜在内的所有数据都不被篡改。除了之前描述的商务合约和资产存管模式的特征外，供应链这一用例更多强调的是其深度可搜索性，保证能够在过去的层层交易中追溯所需记录。其核心是为每一个基于其他部件构成的商品创建出处（可追溯的源）。

4. 主数据管理

主数据通常并不是交易信息数据，而是行业信息的关键和基础组成部分，如：customer（客户）、employee（员工）、supplier（供应商）、product（产品）、location（地址）和 contract（合同）等。授权认证机构发起变更并对变更进行校验，以维护核心数据的唯一性和真实性，可以解决许多数据质量和一致性问题。

5. 共享经济和物联网

共享经济将在许多传统行业中产生可带来营收的新型产业，如：智慧城市、智能家居、自动化、交通、医疗保健、零售、建筑、教育、健身等产业。

交易中的个体、组织以及监管机构并不总是相互信任的，善加利用基于分布式账本的区块链技术将有助于解决交易各方相互间的信任问题；区块链技术同时也有助于交易的实时处理和资产状态的实时访问。灵活的部署模型、可插拔的共识机制、个人交易以及保密合约对于超级账本的部署都很重要。

2.5 ChinaLedger

2.5.1 ChinaLedger 概述

ChinaLedger（中国分布式总账基础协议联盟），2016 年 4 月 19 日成立，ChinaLedger 建立的目的就是为政府的金融部门制定并实施分布式分类技术，聚焦资产端的分布式总账应用，兼顾货币端和非金融端应用，从精选的应用场景中提取出若干具有普遍性的金融服务模式，分别通过基础账本的协议/架构层面和应用层面的技术对相应业务提供完整支撑。该联盟由万向区块链实验室牵头并由 11 个区域的商品交易所、产权交易所、金融资产交易所组成。该联盟的首要任务是创建一个开源的区块链协议，在此协议基础上开发者就可以构建应用程序了。中国证券业协会互联网证券委员会在 ChinaLedger 项目中将扮演顾问角色，该证券委员会直接对中国证券监督管理委员会负责。ChinaLedger 项目受到了很多数字货币领域和区块链领域资深专家的支持，其中包括 Jeff Garzik（比特币核心创始人）、蒂姆·斯万森（来自 R3cev）、Vitalik Buterin（以太坊的创始人）。

ChinaLedger 为在中国资本市场推广基于分布式总账技术的应用，提供了符合中国国情、适应中国法律与监管需要的基础平台。

ChinaLedger 聚焦资产端应用，兼顾资金端、非金融端应用。鉴于中国资本市场分布式总账技术应用场景更多地呈现出“同质化、小生态”的特点，ChinaLedger 积极探讨带有隔离墙机制的“云化”解决方案。针对中国资本市场的现实环境，ChinaLedger 优先考虑提供联盟链解决方案，在联盟链上忠实体现中国资本市场职能机构的业务范围和职能边界；在运营模式上，支持技术层面的专业化运营服务和业务层面的自主化运营服务，既互相剥离，又有机结合。

2.5.2 ChinaLedger 的架构

目前，业界对于分布式总账的基础协议栈架构并未达成共识，各技术体系做法不一。无论是从快速构建应用的角度，还是从与分布式账本之外的技术资源整合的角度，甚至是从占据未来标准化制高点的角度来看，如何构建层次分明的协议栈底层架构都应该是一个被高度关注的议题，架构分层朝着合理方向的每一次改进，既体现了业界对分布式账本技术架构理解的深入和运营理念的升华，又酝酿着新的商业机会。

ChinaLedger 期待的分布式账本技术体系架构应该体现 3 类不同性质的节点：记账端、验证端、客户端；5 个不同的协议栈层次：网络通信、基础账本、共识、智能合约、应用；4 个不同的管理要素：身份、策略、数据、过程。从长远来讲，有些共性技术，如 P2P 通信和执行智能合约的虚拟机环境，或许应该交给更合适的主体来做。从现实情况来看，Hyperledger 架构分层显示出更多的包容性和更大的弹性，其各组成模块拥有的灵活可插拔性便于支持各种法律和监管环境下分布式账本技术的落地，各模块间的相互关系也较为合理，该架构的优点值得 ChinaLedger 吸取。

2.5.3 ChinaLedger 的共识机制

目前可供选择的共识机制有工作量证明(Proof of Work，PoW)机制、权益证明(Proof of Stake，PoS)机制、股份授权证明(DPoS)机制、瑞波共识(Ripple Consensus)算法和实用拜占庭容错(Practical Byzantine Fault Tolerance，PBFT)算法等。

1. 工作量证明机制

工作量证明机制的优点是可以达到完全去中心化，节点自由进出；缺点是消耗大量的资源，共识达成的周期较长，不适合在资本市场的“主战场”应用。从统计角度上讲，需要 6 个或以上的确认才能认为是明确确认且不可逆的，其网络容错的上限是 50%。典型应用是比特币和以太坊。

2. 权益证明机制

权益证明机制已有很多不同变种，但基本概念是产生区块的难度应该与对应节点在网络里所占的权益(所有权占比)成反比。PoS 的优点是在很大程度上缩短了共识达成的时间，它的网络容错上限也是 50%。典型应用是点点币(Peercoin)和未来币(Nextcoin)。以太坊计划在未来使用的 PoS 算法叫作 Casper，验证人数最多 250 人，并且区块一旦达到最终状态就完全不可伪造。

3. 股份授权证明机制

股份授权证明机制其实是 PoS 的变种，由全部节点记账变为选出代表节点记账。当使用去中心化自治公司(Decentralized Autonomous Company，DAC)这一说法时，每个股东都按其持股比例拥有影响力。每个股东都可以将其投票权授予一名代表。获票数最多的前 N 位代表成为验证者，并按既定时间表轮流产生区块。它的网络容错上限也同样为 50%。典型应用是比特股(Bitshares)。比特股需等待半数以上的验证者确认后才认为区块不可逆。

4. 瑞波共识算法

瑞波共识算法设定了一组特殊节点列表，只有在这个列表中的节点才是有效的验证者。这种算法达成共识的效率非常高，并且只有达成共识的区块才会写入账本。因此写入即有效，无需等待确认时间。为了达到高可靠性，只有 80%的验证者同意交易才算有效，即网络容错上限为 20%。

5. 实用拜占庭容错算法

实用拜占庭容错算法可以在异步网络中不保证活跃度的情况下解决拜占庭将军问题。虽然该方案不保证活跃度，但它进入无限循环的概率非常低，在工程中是完全可用的。PBFT 依靠法定多数(Quorum)，每个节点一票，少数服从多数，实现了拜占庭容错。采用 PBFT 算法的网络容错上限为 33%。在私有链/联盟链的部署方式下，实用拜占庭容错算法具有较大潜力。

6. 恒星共识协议

恒星共识协议(Stellar Consensus Protocol，SCP)与 PBFT 算法类似，它是基于联邦拜占庭协议(Federated Byzantine Agreement，FBA)改进而成的，同样解决了拜占庭容错问题。SCP 通过节点自行选择仲裁片区(Quorum Slice)来达成共识，增减节点非常灵活；网络效率很高，采用只有达成共识才写账本的方法，因此没有等待确认的时间。它的网络容错上限同样为 33%，其性能也可以作为 PBFT 的参考。

综上所述，PBFT 所能达到的性能指标在各类共识机制中名列前茅。目前，在以太坊平台和超级账本平台上都有引入 PBFT 共识机制的尝试。ChinaLedger 内部也进行了在以太坊平台上引入 PBFT 共识机制的测试。应该说，引入 PBFT 已经不存在本质上的技术障碍，但是也要看到，PBFT 不适合节点可动态加入的场景。针对这种情况，ChinaLedger 还将深入研究 PBFT 的替代方案。

2.5.4 ChinaLedger 的平台策略

1. 借　鉴

分布式账本技术的核心就是对算法的充分信任，而在算法代码开源的条件下，通过在广泛应用和反复博弈中取得公众信任，是对一个分布式账本技术体系强安全性的最好诠释。因此从近期看，ChinaLedger 的分布式账本基础平台不可能凭空产生、从头做起，而必须先选择合适的开源分布式账本技术体系作为主要借鉴，然后在其基础上搭建符合中国国情、适合中国法律与监管需要的基础平台。

从前面的业务需求分析中不难看出，高安全性、强表达力、多资产类别、良好的未来发展潜力和性能优化前景、去除原生数字货币副作用小，是中国资本市场对基础账本选择的基本要求。而在我们所考察的六大技术体系里，最有借鉴价值的是以太坊和超级账本两个平台。

但随着技术的发展，新的平台也在不断出现。另外从长远考虑，自主可控底本的研发也应提上日程。因此，初期的借鉴不是最终目的，ChinaLedger 还必须对长远的底本选择做出战略性安排。

2. 改　造

从前面的业务需求分析中不难看出，ChinaLedger 为适应中国资本市场要求而拟在后续对分布式账本基础平台进行修改，其核心在于中心化的“特权”机制的引入、“隐私”机制的实现、原生数字货币的去除和业务处理性能的优化。它们几乎都不约而同地集中在智能合约层面。我们判断，合约语言的未来趋势一定是跨平台的，即使在同一平台下，合约模板也完全有可能对基础账本层的细微版本变化无感。如果再加上技术实现方案上的刻意努力,那么这就意味着,近期的借鉴和长远的自主开发可以兼顾,我们在合约层面拟开展的改造工作不仅在近期会快速得到应用,而且在未来也会得到最大限度的复用。因此,ChinaLedger 的目标是:在智能合约层提出一套"合约模板",尽量把所有的改动都封装在"合约模板"中。这样就可以在某种抽象意义下既支持近期以借鉴为主的基础账本,又支持远期以自主开发为主的基础账本。

3. 自主研发

分布式总账技术具有强安全性,资本市场又是国民经济的命脉,因此从长远战略考虑,ChinaLedger 应在充分掌握底层账本核心技术的前提下,自主开发出一套含基础账本在内的整个分布式总账技术体系。

涉安全技术模块的自主掌控、涉资本市场模块的合法合规、架构的充分模块化和架构组件的充分可插拔是 ChinaLedger 设计研发未来分布式总账技术体系所应遵循的基本架构准则。

在数据的加解密算法和摘要算法上,ChinaLedger 应支持国密算法。

图 2.9 所示为 ChinaLedger 平台选择策略原则。

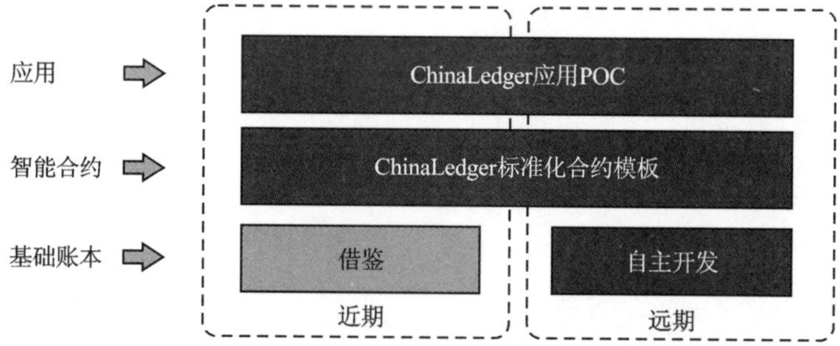

图 2.9　ChinaLedger 平台选择策略原则

2.6 区块链与政务大数据的融合方案探索

2.6.1 大数据与政务大数据

“大数据”是目前的热点词，无论是在哪个行业都有被谈及。这个概念最早由维克托·迈尔·舍恩伯格和肯尼斯·库克耶在编写的《大数据时代》中提出，是指不用随机分析法（抽样调查）的捷径，而是将所有能采集到的数据集中处理。业界通常用4个V来说明大数据的特点：数据量大（Volume）、速度快（Velocity）、类型多（Variety）、真实性（Veracity）。大数据技术的意义不在于掌握庞大的数据信息，而在于对这些含有意义的数据进行专业化处理，从而达到对业务有所帮助的目的。

大数据在各个行业的广泛应用，为政务采取大数据方式提供了借鉴和参考价值。李克强总理说：“我们运用大数据转变政府职能，不仅是国家经济社会发展对效率的需求，其实这本身也涉及国家安全。建立统一的数据平台，是建设现代化国家的基础性工程，也有利于国家安全。”（2015年6月17日的国务院常务会议）自2012年国务院正式明确提出大数据产业化的政策后，各省市政府纷纷出台各自的大数据行动计划。应国家的号召，青岛市电子政务和信息资源管理办公室制订了《关于促进大数据发展的指导意见》（以下简称《意见》）。根据《意见》目标，到2020年，青岛市初步形成数据观念意识强、发展氛围浓、数据采集汇聚方式多、计算和数据处理能力强、共享开放程度高、创新应用范围广、产业链条全的大数据发展格局，建立26个大数据行业应用示范工程，率先在国内建设一流的政务大数据公共服务平台，建成国内领先的公共数据应用和两化融合示范基地，将青岛市打造成全国重要的大数据创新中心和东部沿海重要的大数据产业基地。

政务大数据依照字面理解为依照行政手段获取的，用于政务活动的数据。该数据除了具有大数据共有的特点外，还具有自己鲜明的特点：

1. 数据的真实有效性

政府依照法律赋予的行政权力，对民众的基本信息进行采集，如每年的人口普查、经济普查等。任何被采集对象都有义务如实回答，不可以随意拒绝，数据均直接来源于企业或者个人，保证了数据的真实性、有效性。

2. 政务数据种类多，应用价值大

政务大数据覆盖民众日常的方方面面：教育、医疗、环境、工农业、旅游等，具有极为重要的社会价值。

3. 政务数据的垄断性

政府及企事业单位的数据，一般具有独占性、专营性，很难由一般企业或者民众获得。

2.6.2 政务大数据在政务活动中的应用

1. 政务大数据为科学决策提供有力支持

政府是国家进行行政管理的机构，行政决策是法律赋予的职责。决策实施的成败、收效，对国家的兴旺发达和人民的安居乐业具有深远的影响。如今，随着网络的发达、信息化的发展，数据存在于民众生活的方方面面，政府可以从搜索引擎、微信、微博等公开的平台收集大量信息进行分析，以便更清晰地了解民众的行为、情绪、倾向等，做出的决策更符合民意、更有利于推行。

2. 政务大数据用于精细化管理

政府管理部门可以依靠掌握的海量数据，采用大数据技术进行精确分析，使得事务管理更加程序化、标准化、数据化，实现社会管理从粗放式向精细化的转变。北京市东城区创建的“万米网格化管理平台”就是精细化管理的成功案例。

3. 政务大数据使政府工作更透明

习近平同志在一次讲话中提出：“从群众最关心、最迫切的问题入手，着力解决关系群众切身利益的问题，解决群众身边的不正之风问题，把改进作风成效落实到基层，真正让群众受益，努力取得人民群众满意的实效。”（2014年1月20日，中共中央总书记、国家主席、中央军委主席习近平在党的群众路线教育实践活动第一批总结暨第二批部署会议上发表重要讲话）利用大数据建立的网络互动平台，有利于民众多途径参与政务、提供建议；有利于政府及时收集民意，解决民众最迫切、最关心的问题。

4. 政务大数据使政府工作更高效

政务大数据的公开使得政府内部各部门之间打破界限，实现信息互通，改变部门之间相对孤立的局面。政务数据的共享有利于提高办事效率，更好地服务于人民；同时，内部协调效率的提高也有利于降低沟通成本、减少政府开支。

2.6.3 区块链与政务大数据浑然天成

区块链和大数据是近些年飞速发展的技术。

大数据，需要满足三大特征：海量数据，数据分析产生价值，价值驱动决策。但大数据系统跟其他普通业务系统一样，在数据安全、数据交易过程中的互信等方面存在局限性。

区块链技术，是分布式数据库系统，有去中心化、非对称加密、交易不可篡改等特点，恰好能够完美地解决大数据平台的上述几大痛点。

当区块链技术出现后，在大数据系统上添加“区块链”的原理从而解决了大数据的安全性问题。区块链在数据的完整性、数理统计分析能力方面较弱，而大数据具备海量数据存储和灵活高效的分析技术，极大地提升了区块链数据的价值和使用空间。所以，区块链和大数据技术的融合是相辅相成、浑然天成的。关于大数据与区块链技术的融合，我们需要做的不仅是基于区块链技术的底层数据库设计，而且还要建设基于大数据分析的业务系统。

基于区块链及大数据平台的政务系统的架构设计需要有3层：

✓ 底层，需要区块链技术构建数据库，以保证数据存储的去中心化、数据交易的不可篡改性；

✓ 中间层，需要搭建大数据分析平台，以挖掘海量数据的价值，指导政府决策；

✓ 顶层，是政府政务系统，当然除了要满足业务逻辑功能之外，还需要增加对底层区块链存储及中间层大数据分析的配置管理等功能。

所以，只有上述3层都建设好，才是最好的政务智能解决方案。

第3章

青岛全球区块链中心构想

最近几年，全球正在掀起一股区块链创业热潮。来自学术界和科技界的各种力量均投身于区块链的开发和创业大潮中，诞生了一批有创意的创业公司。当然我们也应清醒地认识到，区块链作为一个全新的概念理论，从起步到成熟必然要经历积累、沉淀的过程。作为政府，需要充分利用自身的优势和资源，加强对企业的引导和扶持。

为推动区块链技术和产业的发展，提升青岛在未来金融科技领域的地位，随着落户青岛市市北区的青岛市科技金融服务中心开业和中英金融科技孵化器的正式运营，标志着青岛金融科技工作步伐已实现质的跨越。青岛市市北区将结合本区域的产业规划，与清华、北大、中科院、商务部投资促进事务局、国际大学创新联盟、中关村区块链产业联盟，以及上海、杭州、广州等地方机构、院校，国外相关院校、研究机构等合作，共同打造类似美国硅谷的“链湾”——青岛“全球区块链＋”创新应用基地，成立全球区块链中心。硅谷极大地推动了半导体和互联网产业的发展，“链湾”将推动从信息互联网到价值互联网的演进，推动从传统金融到新金融、传统商业到新商业、传统经济到新经济的升级。

青岛市市北区致力于打造“链湾”，使其成为全球区块链中心。初步规划建设全球著名的“区块链＋”创新孵化器与国内领先的“区块链＋”应用“双创”平台，以及全国领先的“区块链＋”公共服务平台。

3.1 “区块链＋”创新孵化器与“双创”平台

3.1.1 概　述

“区块链＋”创新孵化器与“双创”平台是青岛全球区块链创新中心建设的核心载体，通过空间支撑和资源聚集打造区块链产业创新服务平台、创业孵化平台和区块链应用资源合作对接平台，为全球区块链创新中心建设提供重要支撑。区块链技术与现有的金融市场基础设施结合起来，在股东信息登记、股份登记、资本管理等领域的应用对推动私人企业的发展，特别是初创企业的发展具有重要意义。

3.1.2 实现目标

实现目标如下：

① 建立并运营区块链创新创业培育孵化空间载体；

② 建立并运营区块链协同创新实验室；

③ 建立并实施区块链股权交易平台；

④ 建立并运营区块链公共培训平台；

⑤ 建立并运营区块链测试平台。

3.1.3 运营模式

1. 区块链孵化空间

建设区块链创新中心运营的空间载体，满足联合办公空间、独立办公室、区块链协同创新实验室、成果展示体验中心、培训中心、路演大厅、休闲沙龙中心等功能需求，并委托P2等专业众创空间运营机构进行运营管理，建立完善的运营管理体系和服务体系，搭建项目孵化培育、行业专题研究、专业人才培育、产业资源聚集的公共服务平台。

2. 区块链协同创新实验室

区块链协同创新实验室是一个非盈利性研究机构，旨在提供一个平台，汇聚人才，共同推进区块链的应用创新。实验室采取科技联盟的组织方式，聚合区块链技术资源、政府创新创业服务机构、投资方、技术开发者、应用创新者、专家学者以及高校等多方资源，其目标是促进区块链技术与行业应用相结合，利用社会化力量打造产、学、研一体化的综合性实验创新平台。

区块链协同创新实验室的主要职能包括：区块链应用创新课题的研究；区块链行业解决方案白皮书的制定与推广；区块链技术与开发者的培养；区块链研究成果的分享与智力输出；定制化的区块链咨询服务等。

实验室初期启动模式为“区块链＋应用”和“培训＋创新创业孵化”。

区块链协同创新实验室下设创新研发中心、技术培训中心和联盟服务中心。

(1) 创新研发中心

创新研发中心负责设立研究课题，组建项目工作小组，方案开发与评审等。

创新研发中心按不同领域设工作组，重点可涵盖物联网、金融科技、顶层设计、智能设备、应用接口、数字资产、公共服务、股权、供应链和贸易等区块链可能产生重要影响的领域。

创新研发中心运营管理规则如下：

创新研发中心采取开放和灵活的工作组模式，吸引业内领先的应用团队加入。任何个人或组织机构都可以提出研究课题申请，经由实验室专家委员会评审、批准后，即可对外公布，招募团队成员。对于每一个课题研究组，专家委员会都将指定一名专家顾问对其进行辅导。课题研究组有明确的团队和工作目标、计划，每个组分别设组长和副组长各一名。其成果为一系列的技术标准草案、公开源代码等知识产物，这些成果可供会员和非会员共享。课题研究组初期重点可放在金融科技和物联网领域上。

(2) 技术培训中心

技术培训中心负责将区块链的前沿技术与思想、实用案例、实验室最新研究成果等对开发者、企业、政府机构等单位进行培训，针对企业和政府机构提供定制化咨询服务。

技术培训中心管理运营规则如下：

第一，技术培训中心提供开发者论坛，便于技术发烧友进行交流，共同探讨区块链的发展方向，探索区块链的应用模式；

第二，定期举办线下培训，向开发者介绍区块链最新的技术发展、开发工具、行业方案、应用案例等，培训讲师经由实验室严格认证，来源包括知名区块链创新公司、业内知名专家、极客、应用兴趣组资深成员等；

第三，定期举办沙龙活动，针对特定议题进行研讨；

第四，定期组织应用创新大赛，对优秀的项目与团队给予资本支持。

(3) 联盟服务中心

联盟服务中心负责招收和管理实验室的战略合作伙伴、内部成员关系的协调、外部的品牌营销与战略拓展、网罗全球区块链领域相关专家、实验室研究成果的管理公布与授权，以促进科技成果转化。

3. 区块链股权交易平台

依托区块链技术搭建区块链孵化器入孵项目的股权交易平台，实现股权的登记、转让、融资等功能，并联合国际大学创新联盟全球孵化器网络，以及蓝海股权交易中心、齐鲁股权交易中心、北京股权交易中心、悉尼证券交易所等机构，共同建立全球化的股权交易平台，实现创业项目的在线股权交易和融资。该平台由北京金股链科技有限公司（简称“金股链科技”）负责开发运营，并进行市场化推广。

联盟服务中心是实验室对外的窗口，寻找机会与政府机构、行业组织、高校、知名企业进行资源对接，发展实验室的专家顾问团队；对内管理应用兴趣组的相关知识产物，包括草案的评审、采用、公布与授权；对实验室内部问题进行仲裁；对接资本，寻找科技成果转化路径。

4. 区块链公共培训平台

目前区块链技术尚处在起步阶段，区块链公共培训平台将承担区块链技术的扫盲及普及责任。平台主要工作是建设区块链培训讲师团队、开发区块链培训系列课程、搭建线上线下培训环境。主要潜在学员包括：个人开发者、软件服务提供商、创新创业团队、企业客户、高校及科研机构、政府机关等。主要培训内容包括：区块链基础知识、发展现状及未来前景、相关政策法规、开发技能、行业解决方案等。

主要培训形式：线上线下相结合，对于不同的受众采用灵活多样的形式，比如大型公开课、线上视频教学、线下开设培训班等。

5. 区块链测试平台

区块链测试平台在区块链技术推广前期意义重大，是抽象技术的具体呈现形式。不仅可以满足前期培训教学使用，也承担着前期品牌推广的责任。对于培训学员，该平台可以用来进行培训教学，让公共培训平台的学员能够通过实际动手操作学习区块链技术；对于开发者，可以便捷地验证迭代版本的功能；对于客户，通过该平台可以快速搭建演示方案，让客户第一时间看到产品的原型，增强客户的信心。

基于以上的平台建设使命，该平台前期方案设计需要充分考虑如下几个方面：

第一，兼容性，技术上不仅要保证应用层和底层框架的隔离，也要采用虚拟化等手段保证不同应用系统之间的隔离；

第二，部署，要能够支持上层应用软件一键部署，提高开发和测试效率；

第三，自动化，要满足自动化测试需求，支持测试用例批量处理，能够给出测试报告、简单的失败原因分析，以便于测试人员迅速发现和定位问题。

3.2 “区块链＋”应用试验区暨公共服务平台

3.2.1 概　述

区块链技术依靠密码学和数学巧妙的分布式算法，建立了多方之间的信任，这种技术能在金融、物联网、社交、医疗、档案、司法、版权、股权债券等多个领域发挥作用。

全球已经有24个国家正在投资区块链技术，80％的银行已经开始研究区块链技术的应用，110多个公司加入了区块链联盟。可见，区块链技术已经引起了广泛关注。然而，区块链的实际落地不仅高度依赖技术的发展，还需要与产业、政策进行紧密的结合。

“链湾”项目很好地引入了“基地＋基金＋产业化”的模式，为“区块链＋”应用试验区暨公共服务平台的快速落地提供了绝佳的环境，助力青岛市形成区域创新创业生态系统，打造区块链人才特区、项目领先示范区。

“区块链＋”应用试验区暨公共服务平台建设，利用区块链、物联网、大数据、移动互联网、AI、VR等新一代信息技术的整合应用，采用项目试点、

PPP建设运营等多种模式，通过落地研究机构、当地企业等若干形式，实现区块链技术的落地。

3.2.2 实现目标

打造数个区块链创新应用示范工程，协调解决产业问题，推广应用成果，培育一批面向全国的区块链上层应用龙头企业，形成区域的新经济增长点。

3.2.3 应用实验场景

1. 区块链＋供应链或贸易金融

传统的供应链及贸易金融高度依赖人工，在业务处理中有大量的重复审阅、验证各种交易单据的工作，低效且容易出现伪造的情况。

通过区块链，供应链及贸易金融业务将能大幅减少人工的介入，将目前通过纸质作业的程序数字化。基于区块链技术的供应链金融及贸易金融平台可以便捷地促使供应链参与方共同创建和维护各环节都认可的统一凭证，并保障其真实有效，不可篡改。同时，项目/合同履约的过程也可以完整地记录和跟踪，降低了金融机构风控的难度。

2. 区块链＋跨境支付与结算

当前的跨境支付结算过程需要经过多重中间环节，手续多、时间长且费用高。区块链具有安全、透明、低风险的特点，能够帮助实现点对点快速且低成本的跨境支付方式。银行与银行之间的跨境支付与结算可以不再依赖中转银行，从而省去了大量的中间环节，满足了支付与结算的及时性、便捷性需求。

3. 区块链＋公示公证

对于信息公示，公信力是核心。即使在数据时代，也并没有解决公信力的问题，因为数据完全受控于系统管理者。

区块链的不可篡改、不可抵赖的特征，将能够提高公信力，打造全新一代信息公示服务平台，该平台可用于慈善公益、养老扶贫、互助保险、政府政务公示等。

4. 区块链＋智慧能源网络

能源与区块链的结合是一大方向，能在极大程度上推进能源行业的发展。因为推动能源互联网的发展需要一种新的价值存储计量中介单位，需要做到基于电流的精准管理与结算。

而区块链可以真正实现价值的传递，能够实现能源的数字化精准管理，能够实现让每度电都有数字映射。基于区块链的数据公正、确保信任，公私钥结合的访问权限保护隐私，能够真正做到保护隐私，可信计量。区块链＋大数据＋人工智能构成可信任预言机，以签署外部数据，实现虚实交互、虚实一体、自律控制。

5. 区块链＋医疗

目前，我国的医疗行业呈现出诸多的问题：病人在不同的医院看同一种病，所有检查流程都要重复执行；病人在同一家医院不同医生处看病，得出的诊断不同；三甲医院人满为患，社区医院却门可罗雀等。

基于区块链技术去中心化、不可篡改的特点，区块链可以重塑医疗健康体验，整体解决信任＋效率的问题。多方共享的账本记录可以让多家医院、第三方药房、病人之间更容易建立起信任，从而促进医联体的形成；病人的历史诊疗、检查等信息在医联体内可以连续、共享，减少不同医院、不同医生之间的重复检查，在大幅降低检查费用的同时，大大提高了治疗的效率及准确率，从长远来说，能够促使医疗资源分级、分布更加合理化。

6. 区块链+证券交易

区块链技术具有数据不可篡改和可追溯特性，可以用来构建监管部门所需要的、包含众多手段的监管工具箱，以利于实施精准、及时和更多维度的监管。同时，基于区块链技术能够实现点对点的价值转移，通过资产数字化和重构金融基础设施架构，可实现大幅度提升金融资产交易后清、结算流程效率以及降低成本的目标。

7. 区块链+私募股权、债权管理

在私募股权投资过程中，股权代持普遍、股权管理碎片化严重、投资份额退出机制匮乏等问题普遍存在。区块链与私募股权投资场景的集合将大幅优化目前的私募股权投资的生态，能够为投资机构提供高效的股权管理和退出工具。私募股权、债券、收益凭证均可以被整合进区块链中，成为链上数字资产，使得资产所有者无需通过各种中介机构就能直接进行点对点交易。

8. 区块链+政府服务

基于区块链的数据共享，在全面降低市场准入门槛的同时，实现工商、社保、税务、统计等部门之间的数据共享和验证，并保留企业在不同部门之间所办理业务留下数据修改的记录。各企业的数据可由各个部门之间共同维护、共同监管并保证数据的一致性。用人单位在工商登记的信息发生变更以后，会自动同步到社保经办机构，而经过社保部门补充填报的信息也会自动同步到税务部门，同时也无需税务部门进行人员工资的调整，所有的数据都在统计部门进行统计、分析。这样既不增加企业成本，又能准确、实时地获取经济发展的一手信息；同时，各个企业之间、同一企业不同部门之间、同一企业在不同时间段的数据都能够进行相互校验，为进一步完善企业信息的管理提供基础。

9. 区块链+大宗商品交易

大宗商品交易面临两个信任障碍：一是交易环节透明度不够，二是仓储

物流环节信息不准确。区块链技术恰好可以解决这两个问题,通过区块链技术的“多副本共同记账”特性,实现多方见证,确保交易的真实性和准确性。同时,由于数据密钥的存在,又可以保证交易双方交易信息的私密性,或仅向有关监管部门适度公开必要信息,从而双向实现市场增信的目的。此外,区块链技术的去中心化和不可窜改性也为监管机构提供了极大的便利。数据由系统自行见证记录,而无需数据采集,无需企业上报,在免去监管成本的同时保证了数据源的准确性。这有助于提高交易所的中立性和公信力,在减少市场投诉、增进市场参与各方互信的同时,令市场更加高效地运行。

10. 区块链+“一号一窗一网”

2016年4月,国务院办公厅《关于转发国家发展改革委等部门推进“互联网+政务服务”开展信息惠民试点实施方案的通知》(国办发〔2016〕23号)中明确指出:通过两年左右时间,在试点地区实现“一号一窗一网”目标,服务流程显著优化,服务模式更加多元,服务渠道更为畅通,群众办事满意度显著提升。建成网上统一身份认证体系,推进群众网上办事“一次认证、多点互联”,实现多渠道服务的“一网”通办,大幅提高政务服务的便捷性。

而区块链技术正是连接多部门,实现高效、可靠信息采集、共享和档案信息记录的最有效途径。基于区块链建立的“一号一窗一网”体系,不仅能够有效沉淀个人和机构权威信息并记录其变化情况,实现个人和机构身份、资质的认定,而且可以成为市场秩序控制的信用基础,植入到各类产业应用中,如面向教师、导游等的从业资格管理,以及面向施工、安防等的企业资质管理,从而形成规范、高效且可靠的综合信用体系。

11. 区块链+产品追溯体系

“物链产品追溯体系”构建在“区块链”之上,结合供应链的特性对区块链的接口进行继承、封装及应用扩展,进而形成具备鲜明现实应用特色和能力的“供应链管理云平台”，使每一个物品的静态（固有特性）和动态（流转、信用等）信息都能够在生产制造企业/创作人、仓储企业、物流企业、各级分销商、零售商/饭馆/酒店、电商、消费者、售后服务机构以及政府监管机构中共享、共识。同时，整合利用传感器、射频、Mesh、Lora、ZigBee 等物联网（Internet of Things，IoT）技术手段，实现供应链管理（Supply Chain Management，SCM）的业务流程优化（再造）（Business Process Reengineering，BPR），从而形成全方位的、具有高公信力的产品追溯体系。

3.3 青岛市区块链产业发展思路探讨

为全面贯彻落实国家、省、市关于实施创新驱动发展战略的系列决策部署，加快推进以科技创新为核心的全面创新，以国务院办公厅印发的《“十三五”国家信息化规划》通知中提出的加强战略性前沿技术基础研发和前沿布局为指导，构筑新赛场先发主导优势，推动市北区块链产业建设，打造全球领先的区块链产业集群。现结合我区实际，提出如下实施意见：

3.3.1 主要目标

推进区块链产业在全区布局和落地，达到区块链产业的集聚效应，至2020 年形成技术领先的区块链产业集群。加强区块链理论研究和底层技术的突破创新，重点解决理论技术与应用场景的有效结合，实现在政府管理、民生项目、跨境贸易、金融投资、企业信息化管理等方面的突破性提升，解决管理中信任度差和效率低等难题，为打造诚信政府、高效政府、诚信社会、高效企业等提供有力技术支撑，在我区初步建成“链湾”。

3.3.2 重点工作

1. 设立全球区块链研究院

聘任国内外区块链行业专家担任院长,定位于推动区块链的前沿技术,进行区块链产业发展的政策法规研究,协助政府规划技术和产业发展路线图,制定扶持政策、区块链技术及应用的相关标准。制定区块链市场的管理制度和法规,组织全球区块链高峰论坛及创业大赛等活动。

2. 建设孵化平台

设立区块链专项孵化器平台,为引进的区块链企业和创业团队提供办公空间,以及提供政策指引、企业注册、人力资源外包、项目资源对接、项目投融资、沙龙交流活动等综合服务,营造区块链创业发展的良好氛围。

3. 引进和培养技术团队

大力引进国内外在区块链技术及应用领域领先的研发机构、高校团体及创业企业和团队;坚持全面引进、重点扶持的原则,在青岛市打造一个在区块链核心技术研发和应用领域的全国乃至全球的高地。与国内外知名的科研院所、智库机构及青岛本地的高等院校开展紧密合作,在区块链理论研究、教育培训、应用开发和使用等方面,打造出多支技术过硬、产品过硬的人才队伍,形成全球区块链人才的制高点,建立人才培养基地、实训基地和人才输出基地。

4. 建设产业集群

进一步完善和优化政府扶持政策环境,在青岛市打造全球区块链产业集群,真正形成青岛市产业转型的新亮点。围绕区块链产业的相关上下游产业或企业,如研发机构或企业、教育培训机构、网络教育、应用推广机构、会展机构等,充分考虑相关配套机构的发展需求,提供政策服务等各种合理保障;重点关注和培养在产业打造过程中涌现出的业绩突出、行业前景良好、民生基础反应突出的技术或应用场景,对区块链在发展中遇到的问题及时发现、解决,培养出一批在区块链领域的领军机构或企业。

3.3.3 扶持政策

1. 专项资金

政府设立专项资金用于扶持入驻区块链孵化平台的企业或项目。为保障具有发展潜力的区块链企业或项目发展的持续资金需求,设立青岛市区块链投资发展基金,该基金投向孵化平台内具有高成长性潜质的企业,使其真正成长为行业领军企业;引导和鼓励境内外产业资本投资区块链项目。基金由区块链研究院负责提出申请、运营管理,由政府相关部门负责监督和审计。

2. 人才及其他配套措施

先期配备人才公寓专项,用于区块链专家、技术人员及项目团队,交由区块链研究院统一调配,用于解决区块链项目入驻专业人才的住宿问题;对引进的海外院士、国内院士、千人计划专家等,按照市区两级的人才政策单独进行申请。加大区块链高端人才引进奖励扶持,对引进的全职区块链顶尖人才,全职国家"千人计划"专家,市科技创新杰出人才团队带头人,全职区块链领军人才团队带头人,区块链创新顶尖、杰出和领军人才团队带头人给予资金资助,对产业发展能够有重大推动作用、带来重大经济效益和社会效益的区块链项目,按其获得市资助同等金额给予配套。

3.3.4 成果应用

1. 全面开放应用市场

加快推进区块链应用项目落地,开放市北区内所有的市场资源,包括但不限于与政府机构、社会管理机构、企业及团体建立多种形式的合作关系，相关部门协助区块链企业进行项目资源对接，同时协调市区两级政府，扩大区块链技术的应用面，打造一批影响大、效果突出的示范项目。

2. 宣传推广及学术交流

加快推动区块链相关技术普及推广，组织全国著名专家学者编写区块链专著及刊物；打造区块链压力测试平台及教育培训平台，在民众比较关注的领域进行推广普及；定期组织全球区块链峰会，权威发布全球/中国区块链产业发展状况及趋势，树立青岛市作为全球/全国区块链领域的中心地位；定期举办全球区块链创业大赛，促进青岛区块链学术技术水平的整体提高。

第 4 章

青岛“区块链+”应用示范案例

4.1 供应链管理与金融

4.1.1 概　述

供应链金融是根据产业特点，围绕供应链上核心企业，基于交易过程向核心企业及其上下游相关企业提供的综合金融服务，以获得新利润增长点，构建更紧密的产业链生态系统。供应链金融能够有效地将“物流”“商流”“资金流”“信息流”等多流合一，抓住企业融资痛点，并有针对性地为企业提供融资服务。中国供应链金融市场规模已超过10万亿元，每年呈20%～30%的增长，2020年有望突破20万亿元。从这些数据足可见供应链金融的市场潜力。除银行外，电商大佬企业亦积极投身于供应链金融，如京东商城于2012年推出的供应链金融服务；阿里的供应链金融起步更早，主要体现在阿里巴巴、淘宝（含天猫）和速卖通这3个平台上。

互联网金融作为传统金融的有益补充，其对实体经济的支持作用得到了广泛认可，而传统金融服务尚未覆盖到的农户、个体户、小微企业则成为互联网金融机构所要重点服务的对象。10年前，供应链金融是银行的专属游戏，受制于资金实力、金融服务牌照等，其他机构很难成为供应链金融产品和服务提供的主体。但在“互联网＋”浪潮的冲击下，越来越多的企业利用自身的信息优势、交易资源优势以及客户资源优势，纷纷转型成为供应链金融产品和服务的提供主体。

供应链金融是实体与金融的深入结合,并且风险相对可控,已逐渐成为众多互联网金融机构深耕细分市场、重点发展的领域,但具体的运作管理模式、定位的目标市场与服务客户各有不同,目前已涉及钢铁、汽车、农业、房地产、医疗、教育等领域。除互联网金融平台外,还吸引了商业银行、行业龙头公司、民营资产管理公司等机构纷纷涉足。例如,市场中的"胖胖猪"是针对建筑装饰市场的供应链金融平台,"果联金服"则是针对农产品的供应链金融服务平台。

供应链金融一方面将资金有效注入处于相对弱势的上下游配套中小企业中,解决中小企业融资难和供应链失衡的问题;另一方面,将信用融入上下游企业的购销行为中,增强其商业信用,促进中小企业与核心企业建立长期战略协同关系,提升供应链的竞争能力。

4.1.2 当前供应链金融的挑战与痛点

供应链金融在发展过程中面对的痛点无数,但发展潜力大、机会多、挑战也多,业内人士用"千军万马过大江"来形容当下供应链金融的发展最贴切不过了。其中,最大的挑战和痛点是:

1. 中小企业"融资难、融资贵"

当前困扰中国经济的核心问题仍然是企业之间的三角债问题,上游企业拖欠下游企业的货款,已成为影响中国经济效率的重大问题。由于产权的分割,企业之间围绕供应链的资金经常会出现梗塞,特别是中小企业、弱势企业的资金经常会被拖欠,而习惯了"抓大放小"的银行也不太愿意为这些企业提供融资。互联网技术的日渐成熟,为解决这一难题提供了契机:如果能够对企业经营中的资金流、信息流、人员流、物资流有清晰的把握,信贷就可以顺着供应链配置到不同的企业,从而增进供应链企业群的整体流动性,缓解甚至消除企业之间的三角债问题。一般而言,一条产业链上80%以上的企业都是中小企业,由于信用和风险识别成本较高,这类企业较难从银行获取信贷资金,通过赊账销售已经成为此类企业最广泛的支付方式。供应链金融产品在互金平台上的融资成本相对较高,根本原因在于项目的透明度没有达到投资人所能接受的程度,所以只能以高利率吸引投资人,而这也就导致了互联网金融在供应链金融上无法持续发力。

2. 风险控制成本高、成效低

风险是金融一贯的主题,金融最需要防范的就是风险,无论是银行、消费金融公司还是互联网金融公司都是如此。对于互联网金融公司而言,若风控把握不好,可能会导致公司遭遇困境。金融服务于实业,而金融考验的是风险定价能力。供应链金融实际上是在经营风险,而非回避风险。相比消费金融,供应链金融主要是从核心企业出发,进而为其供应链上下游的配套企业提供金融支持,由于链条长,涉及的企业众多,所以存在不少难点。作为供应链金融发展的基石,中小企业的征信需要高效、完善的动态数据管理模型,来对海量、碎片化的大数据进行挖掘、整合、关联、清洗,剔除虚假信息,以此获得有效、准确的信息。

4.1.3 区块链能为供应链金融带来什么

区块链是通过去中心化和去信任的方式集体维护一个可靠数据库的技术方案,不仅仅适用于金融行业,在国外已经成功应用于艺术、法律、房地产、保险等行业来解决交易的信任和安全问题,交易过程公开透明,不可篡改。

供应链金融与区块链技术的融合,通过各节点的参与,链条式信息互通,将更加有利于借贷双方清楚地了解彼此的还款状况,提高真实性,构架更好的信用评级体系。在风控管理上能基于数据库资料进行运算,减少人为失误,从而改善风控流程,降低风险。区块链技术可以较好地应对当前供应链金融面临的挑战和问题。

1. 搭建投融资桥梁,解决中小企业融资难题

区块链具有去中心化、去信任化、可扩展、匿名化、安全可靠等特点,可以很好地解决中心平台垄断、信用认证难、信息不对称等问题。区块链技术以其去中心化的互助协作、全网记账的体系,有利于构建普惠式的信用体系,开源民主的共识机制能够建立开放式的信用。该区块链体系的构建将有助于中小企业展示历史交易信息,也有助于核心企业把控供应链物流、资金流和信息流,从而解决中小企业融资难题。基于区块链的供应链金融服务,为自然人和中小企业之间搭建了投融资的桥梁,可以解决个人投资收益低和中小企业融资难的问题,实现互利共赢。

2. 构建供应链信息可信平台,降低风控成本

区块链对于涉及多个交易主体的复杂交易场景的用处应该是比较有意义的。3 个"流"指的是物流、信息流、资金流。信息流主要在于信息整合,风险控制贵在控制交易的真实性。如果将供应链信息可信平台的底层数据打通,则可以解决供应链金融行业的痛点。过去的供应链金融是一种中心化的模式,基本上都是金融机构、保理公司依托一家核心企业来为大家提供服务,这些核心企业在某种程度上扮演的是中心化节点的角色,为其上下游企业提供信誉保证。基于区块链的数据可信度高,连接成本低,所以在供应场景下,区块链提供了连接管理。如果交易数据在区块链中,那么篡改数据信息就变得更不可能,因为区块链的数据是存储在全网的,并不是存储在某个核心节点服务器上的。链上的每一个节点都有一个完整的账户,存储着历史交易的全过程,这是区块链技术对互联网金融行业做的重要贡献。

基于区块链的供应链金融服务平台如图 4.1 所示。

目前,已有企业开展区块链与供应链金融结合的行业应用尝试。2016 年 5 月 16 日,知名互联网金融平台钱香金融与国内领先的区块链技术服务商

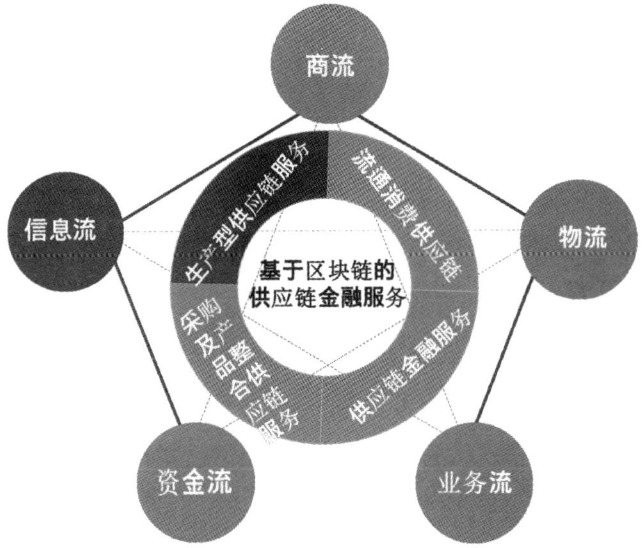

图 4.1　基于区块链的供应链金融服务平台

布比(北京)网络技术有限公司(简称“布比网络”)在上海举行签约仪式，就双方共同打造区块链技术在黄金珠宝供应链金融平台的应用达成战略合作。此次双方基于布比区块链携手打造全新的供应链金融服务平台，开展黄金珠宝终端供应链金融服务，依托区块链技术共识、安全、不可篡改的特性，对加盟商的资金用途、进货渠道、还款能力等实现全方位管控，连接上游供货商及下游终端门店，实现金融与供应链物流、信息流的精准融合，为各终端门店提供单笔小额授信，实现资金快速、灵活、低成本运转，打造普惠金融和供应链金融的新模式和新标杆。此次钱香金融和布比(北京)网络技术有限公司的战略合作成为国内首个区块链＋供应链金融的应用案例，为行业树立了互联网金融创新的标杆。

此外，2016 年 12 月，印度最大的综合业务跨国集团之一的 Mahindra 集团与 IBM 宣布就区块链在供应链金融领域的应用展开合作，希望以此提高供应链金融的安全性、透明性和可操作性，彻底改造整个印度的供应链金融。2017 年 3 月 8 日，富士康集团旗下金融服务平台子公司富金通携手点融网共同宣布，双方合作将区块链技术导入供应链金融服务平台，为电子、汽车、服装业三大领域的中小企业服务。

4.2 跨境贸易与金融

4.2.1 概 述

跨境电子商务，是指分属不同关境的交易主体（个人或企业），通过电子商务平台达成交易进行支付结算，并通过跨境物流送达商品完成交易的一种国际商业活动。跨境电子商务运营模式分为企业对企业（即 B2B）和企业对消费者（即 B2C）的贸易模式。在 B2B 模式下，企业运用电子商务以广告和信息发布为主，成交和通关流程基本在线下完成，本质上仍属传统贸易，已纳入海关一般贸易统计。在 B2C 模式下，我国企业直接面对国外消费者，以销售个人消费品为主，物流方面主要采用航空小包、邮寄、快递等方式，其报关主体是邮政或快递公司。

跨境电子商务支付购汇方式（含第三方购汇支付、境外电商接受人民币支付、通过国内银行购汇汇出等）、跨境收入结汇方式（含第三方收结汇、通过国内银行汇款、以结汇或个人名义拆分结汇流入等）。

跨境电商平台包括：阿里巴巴一达通、环球资源网、中国制造网等 B2B 国际批发网站；敦煌网、兰亭集势、大龙网等 B2B 小额外贸批发网站；亚马逊、eBay 等国际零售平台；“天猫国际”、京东“海外购”、苏宁易购“全球购”等零售平台。

国内一些跨境电子商务试点城市都有自建平台，目前我国的跨境电子商务仍处于发展初期，政府也有着一定的政策支持，发展潜力巨大，但也存在着管理政策缺陷、跨境海关壁垒、物流障碍、交易信用等诸多方面的问题。

跨境电商示意图如图4.2所示。

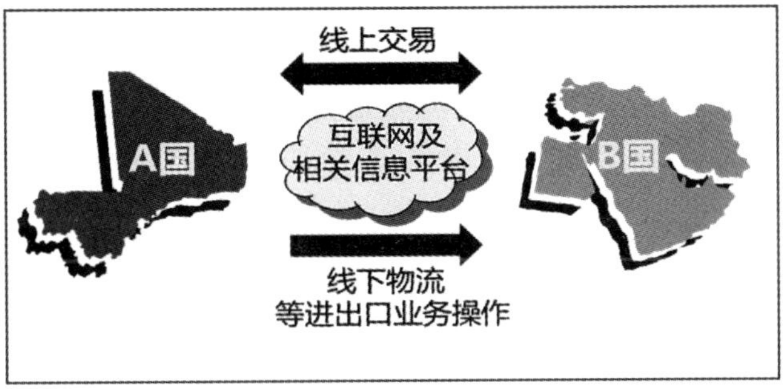

图4.2　跨境电商示意图

总之，跨境电商这些年确实在蓬勃发展，无论是进口还是出口都在大发展。其表现形式为：第一是各种政策密集出台，从规范行业到支持引导，再到深入推进，从中央到地方各种政策和研究成果以文件形式陆续出台；第二是实实在在的数字，跨境的进出口数字，从金额、规模到类别都在快速增长；第三是政策业务创新与信息化手段创新的齐头并进。

4.2.2　挑战与痛点

跨境电商是很长的价值链，需要各种力量一起发力才能构建良性的生态。跨境电商从商业本质上来讲属于共享经济范畴。跨境电商的成熟离不开6个字：共商、共享、共建。这也是我国"一带一路"国家战略精神的核心。目前，跨境电商行业存在如下挑战与痛点：

1. 跨境支付手续费高昂且转账周期漫长

我国第三方支付系统是非常发达的，但是仅限在国内。全球经济发展不平衡，外汇市场其实是金融软实力的较量，无形中让我国的制造业和贸易商增加了机会成本和隐形成本。作为跨境电商最重要的环节，支付是供应链系统的引擎，其支付模式直接决定跨境电商的生命线。以目前主流的传统跨境汇款方式——电汇为例，其汇款周期一般为3～5个工作日，除了中间银行会收取一定手续费外，环球银行金融电信协会(SWIFT)也会对通过其系统进行的电文交换收取较高的电信费，例如，在我国通过中国银行进行跨境汇款单笔电信费就为150元。同时，全球仍有逾25亿人没有银行账户，这些人主要集中在不发达国家和地区，支付体系也不够发达。

2. 外贸渠道缺失和信任问题

诚信体系缺失，单纯依靠各电商平台自建信用体系，缺少公信力，在外贸大环境越来越复杂、要求越来越高的情况下，国内品牌商面前的外贸之路迷雾重重。

3. 供应链各自为战，健康生态圈尚未形成

全球金融危机后，我国外贸出现新特点：大订单、长期订单逐步被碎片化的中小订单、短期订单代替。4万亿元的外贸交易额中30%～50%询单都是中小订单，市场体量庞大、外贸订单碎片化已成为新常态。目前跨境电商服务平台信息化现状如图4.3所示，基本上是各自为战，数据无法有效地协同，信息流与资金流沟通不畅，造成供应链效率低下，也造成了整个平台的数据缺失。全产业数据缺失，各类平台只能纵向联动，目前尚未形成健康的生态圈。各个功能模块之间无法形成联盟效应，以提升整个跨境贸易的效率。建设一个健康的跨境贸易生太圈，促进我国的外贸稳定增长，是跨境电商服务平台的长远目标。因此，围绕此平台总结制定跨境贸易电子商务规则，加快平台的运转效率，也是目前亟待解决的问题。

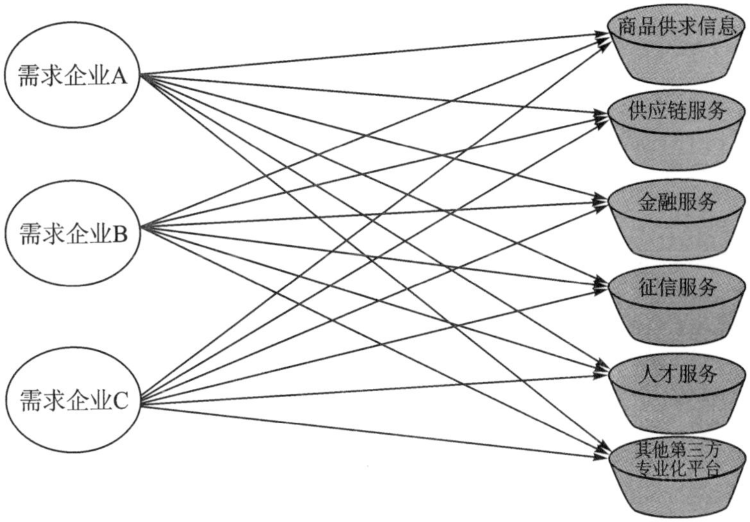

图 4.3 跨境电商服务平台信息化现状

4.2.3 区块链能为跨境电商带来什么

1. 利用区块链技术可以解决跨境支付问题

区块链技术可应用于升级跨境业务，打造新的跨境支付方式，推动跨境业务发展。当前的传统跨境支付方式清算时间较长、手续费较高，且有时会出现跨境支付行为带来跨境资金风险的问题。通过区块链技术打造“点对点”的支付方式，撇除第三方金融机构的中间环节，不仅可以全天候支付、瞬间到账、容易提现和没有隐形成本，而且有助于降低跨境电商资金风险，并且满足跨境电商对支付清算服务的便捷性需求。利用区块链可以建立一个去中心化的全球电商贸易结汇系统。首先，引入网关系统来解决非熟人之间转账汇款的信任问题。网关一般由具有公信力的主体来担任，如银行、第三方机构等。其次，根据共识，设置多个可选择结算加密数字货币，如比特币、瑞波币等。数字货币在每个交易过程中都起到一个类似保证金和交易费的作用。为了防止恶意攻击者大量制造垃圾账目影响网络正常运行，区块链钱包要求每个网关都必须持有一定限额的数字货币量，并且每进行一次交易就会有一定量的数字货币被销毁，由此来提高恶意攻击者的攻击成本以保证运行安全。

2. 利用区块链技术可以搭建可信、健康的跨境电商生态圈

从跨境电商出口的流程看，产生的信息包括但不限于：外贸客户（也就是需求企业）与跨境电商签订的出口服务协议、跨境电商与生产商或者制造商签订的购销合同、与中信保签订的保险合同、与仓储物流企业之间的订舱单信息、海关电子口岸系统中的结关信息、税务部门的出口退税信息等。这些信息一旦保存在区块链中，参与到区块链中的机构就可以根据权限共享这些数据，打通各个机构间的数据壁垒。每个参与区块链的机构在链上注册本机构的账号，注册后会被分配一个私钥，每个机构上传数据或者在链上进行交易时都利用私钥进行签名，可以实现链上数据的不可抵赖性。因为私钥是唯一的，只有账号的实际拥有者所持有，所以用私钥签名后就确保了此账户的唯一性。这样在大量的需求企业与跨境电商、仓储物流以及保险机构等之间的信任成本就会极大地降低。同时，链上数据的修改是需要链上大部分机构同意才可以执行的，也就是一个达成共识的过程，这样就避免了数据被篡改的可能性。这个共识所需要的门限值也是可以修改的，比如2/3成员同意或者4/5成员同意等。总之，链上数据的修改不是每个机构单独说了算的，这是一个民主投票的过程。另外，链上的数据只能增加不能删除。如果录入信息有误，则只能再增加一条正确的信息，原来有错误的信息还是会被区块链保留。因此，链上所有信息的历史记录会被完整地保留下来，从而实现了区块链的可追溯性。

区块链技术给跨境电商带来的优点：统一凭证，保障唯一真实性，极大地降低核验成本；过程可视，增强履约透明度，提高融资管理能力；数据共享，促进征信的体系，降低风险控制成本。

区块链跨境电商平台解决方案如图4.4所示。

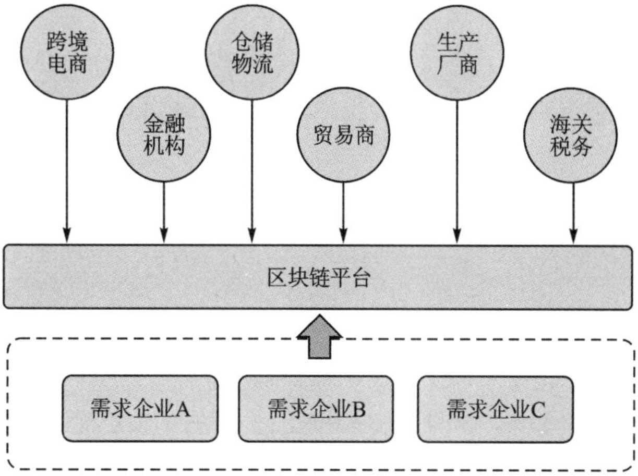

图4.4　区块链跨境电商平台解决方案(布比方案)

4.3　区块链技术在非上市公司股权期权管理领域的应用

4.3.1　国内外发展背景

私人公司股权的管理一直被认为是区块链技术最理想的应用之一。纳斯达克是第一家运用区块链技术创造产品的金融服务公司，其上线的Nasdaq Linq区块链私募股权交易平台使发行公司和投资者都能更好地跟踪和管理股权信息，通过区块链技术改变了过去人工纸质操作流程，基于区块链的凭证管理让公司的股权管理更高效、更安全。美国特拉华州计划将区块链技术用于企业注册及股权管理等领域，通过与特拉华州律师协会合作，探索将区块链技术与该州法律体系结合起来，择机将特拉华州的企业档案管理记录转移到分布式账本体系中。这个计划能够简化公司股权管理及股东权益管理等事项，从而让在特拉华州注册的公司受益。

4.3.2 区块链技术在股权期权管理方面的法理基础

股权是指投资人向企业法人投资而享有的一个权利集合，相对于所有权或者债权而言，它既不是物权意义上的绝对权，也不是债权意义上的相对权，它既涉及公司与股东之间和股东相互之间的法律关系，同时也会因股权处置涉及与其他主体之间的法律关系。所以股东一方面以其对公司的实际出资为基础享有财产权和成员权，另一方面为了保护其他善意的第三人，则采取一定方式向社会公示（工商登记）。《中华人民共和国公司法》（以下简称《公司法》）中第 33 条“记载于股东名册的股东，可以依股东名册主张行使股东权利。”和中华人民共和国最高人民法院的司法判例都宣示着公司股权在工商部门的登记，只是起一个对外公示的作用，用于对抗善意第三人，而并不像大部分人平时想象的那样是作为股权的最终证明。《公司法》对于无论哪种公司股权（股份）的确权，都给予了各公司较大的自主权，即：让公司自己来提供关于股权（股份）的最终证明（包括出具股票和制备股东名册）。传统上公司选择了纸质的股东名册（而非电子文档），是因为纸质版名册可以作为一种可信的公共信息记录。而区块链在本质上就是一种记录信息的账本，一方面将记录的权利交给了公司自己，体现了自治的精神；另一方面确保信息记录的公开、透明及真实性，使权利争议最小化。

4.3.3 区块链技术在股权期权管理领域拥有的技术优势

1. 保证数据的安全

安全性是资产信息管理的保证。区块链天然的计算机网络密码学属性可以最大限度地保证数据的稳定和防护；存储在区块链中的数据将通过非对称加密技术、签名技术等多重保护，可确保链上数据的安全，同时通过分布式节点部署为数据搭建不可摧毁的防护，保证所登记的股权数据不会丢失；而且业务层次的数据加密会让每个企业都有自己的一套加密策略，从而使得整个存储模式完全不可能被外界解读；同时全系统采用SSL加密访问，保证数据传输安全，防止数据在传输过程中被截获及破解。

2. 数据所有权回归用户本身

在以往任何平台，数据都是平台的，这涉及两个方面：一是传统模式下数据都在平台的服务器内存储，平台自身的生命周期决定了客户在平台的生命周期；二是平台对客户数据形成了绝对的垄断（甚至篡改的可能）。如何让数据所有权最大限度地归属于企业本身，也是区块链最擅长解决的问题。相对于过去通过中心化数据库实现的企业SaaS服务，股管家是一个基于区块链技术实现的企业法律服务的应用平台。股管家将数据的所有权还给用户，并为用户数据提供单独的访问机制，用户可以通过获取并部署区块链节点从区块链上获取方案数据，确保包括平台在内的任何人都不会对数据进行任何的篡改，同时用户获取数据完整的控制权力。

企业通过区块链账户体系和加密体系可以自主控制自己的数据，甚至可以脱离平台而独自使用自己的数据，使得数据的所有权归属到企业，平台只是数据的“搬运工”，这一点是资产信息管理领域质的飞越。

3. 数据的不可篡改性和一致性

数据的一致性是资产信息管理的基础。股权激励过程中资产都会涉及授予方、时间、数量、接受方以及相关法律条款等信息，这些信息不允许任何单方面(包括平台本身)的篡改，否则信息不一致会导致整套体系的失效。在权益证明方面，由于区块链上的每个参与维护节点都能获得一份完整的数据记录，利用区块链可靠和集体维护的特点，可对权益的所有者确权。所以，引入区块链对数据进行存储就很自然地解决了数据一致性的问题，把协议双方的信任固化在区块链上，让这种信任在企业、平台和员工之间准确地传递。

4.3.4 北京金股链科技有限公司在股权期权管理应用方面的解决方案

北京金股链科技有限公司在全国范围内推出了第一款基于区块链技术的股权期权管理应用平台(股管家)。股管家充分结合了互联网的高效、便捷，以及区块链的安全、数据不可篡改的特点，为公司的股权期权管理提供了一个全生命周期的专业股权期权管理方案。通过对股权期权激励相关法律和业界行业数据的整理和抽象，打造一套方便快捷的可视化操作流程来降低整个激励方案的设计、实施和管理门槛。一方面，股管家通过模块化的方案设计，帮助客户有效地梳理出股权激励的方案，同时集中社会优秀的股权期权激励资源为企业提供一站式服务，减少不必要的中间环节，让客户以较低的成本享有最专业化的服务；另一方面，股管家还为公司后续的股权期权管理，包括授予、行权、回购等操作，提供一个分布式的数据管理工具。

企业资产登记和管理还没有充分发挥区块链的潜在之力，这只是区块链在资产领域应用的第一步，为企业提供多样化资产登记和流转将会是一种新的趋势。

4.4 版权链

4.4.1 “物链”简介

物链(北京)科技有限公司(简称“物链科技”)在国内区块链应用萌芽阶段破土而出,是一家整合区块链、数字指纹、物联网、大数据技术的应用支撑服务提供商,专注于四大核心技术体系和传统主流信息技术的有机融合,以及多领域、多形态的应用和产品创新,以权益保障、诚信支撑和品质挖掘为核心,致力于打造良性、有机的市场生态体系。

物链(WuChain)以“供应链、数字资产、身份证明”为三大应用主线,意在将区块链技术植入社会治理(助力“智慧政务”和“服务型”政府建设,推动“政府3.0”升级)及商品和资产流通(各类物品和资产的产生、确权、转移、消费、使用以及再流通的各个环节)等领域,同时,用物联网技术赋予物品以生命体征,从而构建低成本、高效、安全、透明、诚信的市场环境和社会生态服务体系。使物链成为:

✓ 品质商品的推广、孵化平台;

✓ 物品、资产的价值保障平台;

✓ 社会大众的放心消费平台;

✓ 政府的服务和监管平台;

✓ 市场潜能的挖掘平台。

4.4.2 关于“版权链”的构想

1. 背 景

知识产权(Intellectual Property,IP)也称为“知识所属权”,各种智力创造,比如发明、文学和艺术作品,以及在商业中使用的标志、名称、图像以及外观设计等,都可以被认为是某一个人或组织所拥有的知识产权。近年来,随着中国的国际化以及版权管理的不断加强,IP越来越受到人们的尊重和关注,所有权人权益的保障、IP再生价值的挖掘以及交易传承等,蕴含着巨大的市场。而由于参与方众多(多中心)、信息不对称等原因,给侵权者创造了恶意侵犯的空间,使得版权领域的产业链条远没有达到成熟的阶段,可以用庞杂、碎片化、无序来形容,著作权人、所有权人的利益很难得以保障,真正有价值的IP也很难得到有效的传承,其现状如图4.5所示,痛点如图4.6所示。

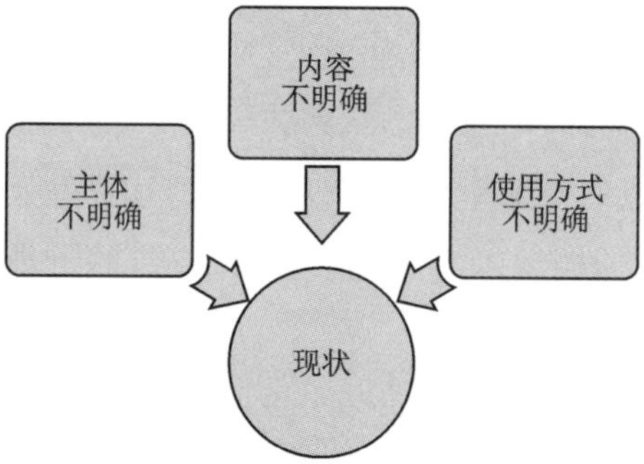

图 4.5 现 状

纵观现状,不难分析出:当下版权意识有待实质性的提升,版权市场有待进一步规范,版权价值链有待深耕细作。

2. 政策支持

政策支持如下:

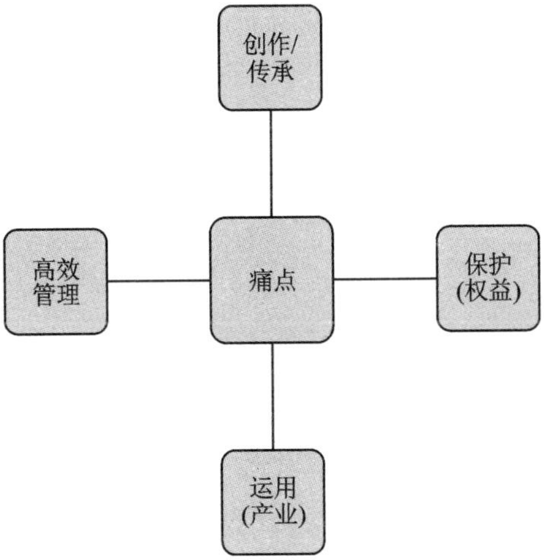

图 4.6　痛　点

(1)《中华人民共和国国民经济和社会发展第十三个五年规划纲要》

第八章(构建激励创新的体制机制)第一节(深化科技管理体制改革)中提出:"深化知识产权领域改革,强化知识产权司法保护"。

第十二章(建立现代产权制度)中提出:"实施严格的知识产权保护制度,完善有利于激励创新的知识产权归属制度,建设知识产权运营交易和服务平台,建设知识产权强国"。

第五十章(健全对外开放新体制)第一节(营造优良营商环境)中提出:"加强知识产权保护和反垄断执法,深化执法国际合作";第四节(强化对外开放服务保障)中提出:"强化涉外法律服务,建立知识产权跨境维权援助机制"。

(2)《关于加强网络文学作品版权管理的通知》(征求意见稿)

2016 年 9 月 19 日,由国家版权局指导、中国版权协会主办的"网络文学版权保护研讨会"在北京举行。在本次会议上,国家版权局就发布加强网络文学作品版权管理有关通知征求意见。中国网络文学版权联盟宣布成立。

国家版权局版权管理司司长于慈珂指出,开展打击网络文学侵权盗版专项整治行动，是今年剑网行动的重点。国家版权局在前期调研的基础上，草拟了《关于加强网络文学作品版权管理的通知》(征求意见稿)，广泛听取业界的意见。于慈珂强调，今年“剑网行动”还将在治理形式上创新，在网络文学、APP等领域建立重点保护作品“白名单”库，公布侵权盗版互联网企业“黑名单”。国家版权局将通过建立“黑白名单”制度，树立版权保护典型企业，推进版权领域信用体系建设。

3. 法律法规

有关的法律法规如下：

✓《中华人民共和国著作权法》；

✓《著作权集体管理条例》；

✓《民间文学艺术作品著作权保护条例(征求意见稿)》。

4. 版权链——构建基于区块链的版权生态

“版权链”正是在这种市场现状和国家大政策的指引下提出的，它充分利用区块链去中心化(分布式共享总账)、不可篡改、开放、自治、匿名等特性，并有机融合DCI、数字指纹和IoT等技术，全面链接IP产业各类参与主体，从而构建版权领域的市场生态体系。

版权链如图4.7所示。

(1) DCI

① DCI(Digital Copyright Identifier，数字版权唯一标识符)，是中国版权保护中心为更好地在数字网络化环境下提供公共服务提出的创新服务体系；

② 权威版权(大)数据库；

③ 服务体系/标准/规则。

(2) 区块链

① 更可靠的数据库；

② 快速链接多中心，促进DCI服务体系的爆炸式延伸；

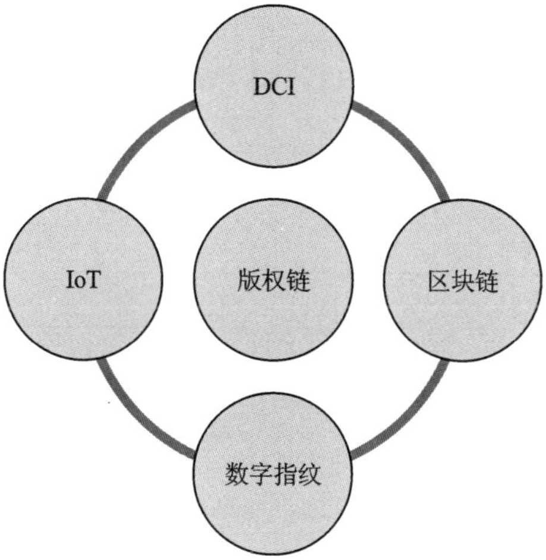

图 4.7　版权链

③ 低成本信用(鉴定/维权/交易)。

(3) 数字指纹

① 唯一标识一部作品,建立其与 DCI 之间的关系;

② 链接现实与数字世界,将实物作品纳入 DCI;

③ 辅助鉴定/维权。

(4) IoT

① 实现实物作品的数字化指纹提取或唯一标识;

② 辅助鉴定/维权。

4.4.3 "版权链"的构建与实施

1. 构成框架

构成框架如图 4.8 所示。

基于区块链的版权链构建,围绕优秀的作品将版权链条上的创作人/产权人、居间/代理机构、内容服务商、政府监管机构等基于信用有机地融合在

图 4.8　构成框架

一起，且相互独立、权力对等、互惠共赢。

版权链通过版权综合服务平台呈现给各类服务对象，通过基于区块链的应用支撑平台实现各类应用，版权链不仅对外提供各类、各种形式服务的窗口，而且引领和驱动版权服务体系的标准化、规范化和法制化建设，对整个社会版权意识的提升、版权产业的规则制定以及市场的挖掘和良性发展，直至为最终形成“版权生态体系”肩负着重要的支撑作用。

2. 应用框架

基于区块链的应用框架如图4.9所示。

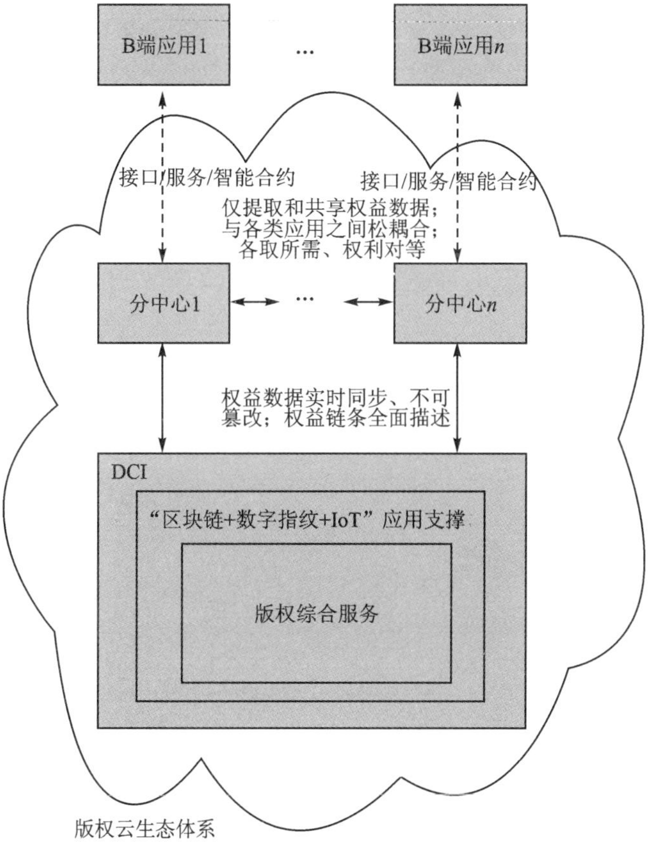

图4.9 基于区块链的应用框架

版权云生态体系，通过在众多应用端的分中心建立区块链节点（多账本）来实时链接、共享权益数据，从而实现链条信息的全面描述，同时不影响各类应用的独立性，且各取所需、权利对等。

3. 共识体系

共识体系如图 4.10 所示。

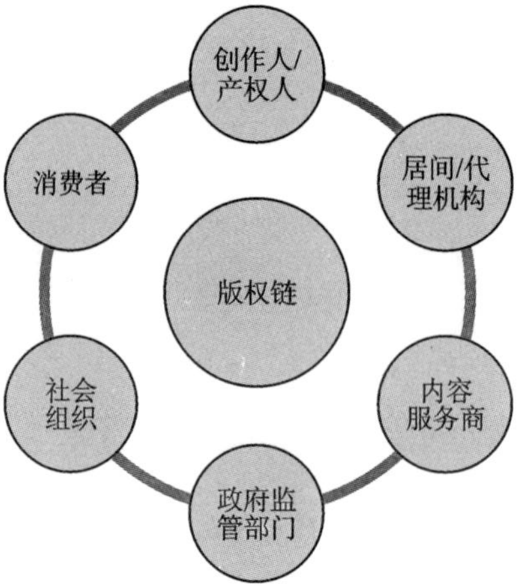

图 4.10　共识体系

基于区块链的版权信息的写入不再是单方面决定的，而是需要所有参与方基于算法共识且不可篡改，参与方越多，信用基础越牢固。

4. 版权链信息模型

版权链信息模型如图 4.11 所示。

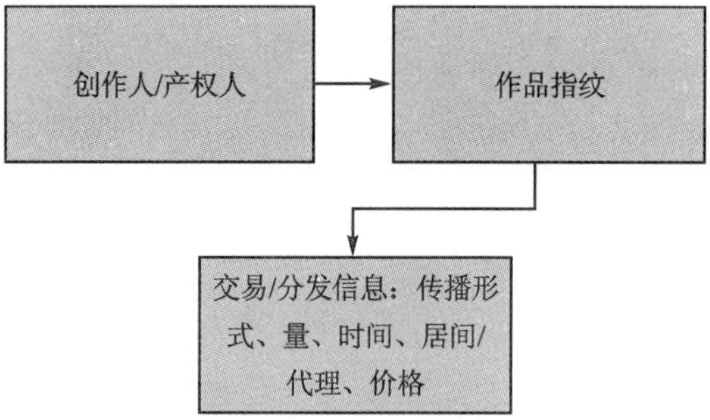

图 4.11　版权链信息模型

版权链上无需记录所有的业务信息，而是将能够判定作品内容、归属、传承的信息在所有共识节点上进行记录，同时，成为各类信用(基础)服务和内容(产业化)服务的根本。

4.5 区块链慈善公益管理平台

4.5.1 我国慈善事业发展潜力巨大

自1978年三中全会确定以经济建设为中心的改革开放发展战略以来，中国经济就进入了前所未有的高速发展阶段。GDP从1978年的3 678.70亿元增长到2015年的689 052亿元，共增长约187倍，如图4.12所示。人均可支配收入大幅度增加，生活水平显著提高。

20世纪80年代开始逐步建立慈善公益性质的基金会和公益组织，根据《慈善蓝皮书:中国慈善发展报告(2016)》显示，2015年全核算社会慈善公益总价值达到1 932亿元。随着经济的发展，纵向比较中国慈善捐款无论是增长比例还是绝对值都呈迅猛发展的趋势。

2015年度中国捐赠总额占全年GDP的0.3%。美国施惠基金会(Giving USA Foundation)发布的年度报告显示，2015年美国人的慈善捐赠总规模达到了创纪录的3 733亿美元。按美国2015年GDP 161 979.6亿美元计算，慈善捐赠资金占GDP的2.3%(3 733亿美元/161 979.6亿美元)。

从横向比较，我国慈善捐款总量与GDP的比率与发达国家相比还有相当大的差距。现阶段我国强大的经济基础为慈善事业的发展提供了可靠的后盾，关键问题是要找到合适的方法和技术手段，充分发挥出慈善事业在我

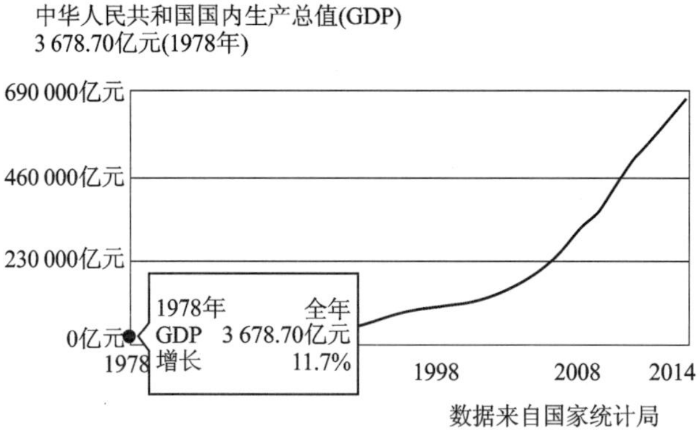

(a) 1978年GDP

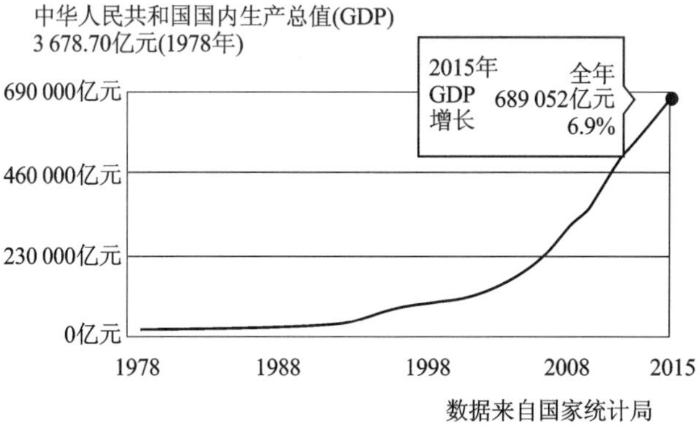

(b) 2015年GDP

图 4.12　1978 与 2015 年 GDP 比较

国社会主义建设中的作用。

4.5.2　我国慈善事业发展的困境

进入 21 世纪以来，慈善界导致信任危机的公众事件频出。“郭美美事件”（一年轻女子在社交媒体上以“中国红十字会商业总经理”的虚假身份公然炫富）、“尚德诈捐门”（无锡尚德太阳能电力有限公司也被公众质疑涉嫌“假捐款，真骗税”）、“罗尔事件”（自称“罗尔”的作家，以网文形式募捐巨款为女儿治病，遭到公众质疑）广泛地受到社会质疑。慈善界接二连三出现类似事件，全面引爆了民众对于现存公益体系的信任危机。从2011年“郭美美事件”爆发至2016年年底，红十字基金会依然没有度过信任危机：根据笔者实地走访调查发现，一些县级红十字基金会在信任危机爆发前每年可以募集到100余万的慈善捐款，而现在已基本无法募集到慈善捐款。

信任危机事件的不断出现，导致慈善组织公信力的严重缺失，这已经成为中国慈善事业发展的不可忽视的阻力。关于我国慈善事业应该如何继续发展、如何增进群众对慈善机构的信任度，慈善界产生了许多争议和分歧。

2016年9月1日，我国颁布了第一部针对慈善事业的专门法律——《中华人民共和国慈善法》，对慈善组织信息公开制度做了相关规定，是中国慈善立法的一次大的进步。

目前，我国慈善组织的信息公开程度依然有限。采用哪种信息公开方法，如何加强监督管理，如何加强信息的可追溯性、提高公信力，已成为慈善事业亟待解决的问题。

4.5.3 区块链慈善公益管理平台重塑慈善公信力

广州市数链科技有限责任公司（简称“数链科技”），专业提供基于区块链的数字公示平台，为慈善机构、企业、个人提供可信信息公示服务。

数链科技以匠人之心在互联网上“雕刻数据”，共创网络公信力。

区块链慈善公益管理平台是数链科技联合多家慈善组织以及网络慈善公募机构，共同打造的慈善公益数据平台，该平台拉通慈善公益过程中各角色之间的信任关系，使互联网慈善公益建立在具有公信力的互联网之上。

慈善公益领域涉及人员广泛，信息量大，并且准入和执行过程有严格的法律规定，任何一个慈善公益项目都是一个庞大的系统工程。互联网和计算机技术的发展为慈善公益项目中人员、资金的管理提供了便利的条件，并由此衍生出诸如慈善组织利用互联网募捐的新形式，极大地推动了现代慈善公益的发展，为需要帮助的弱势人群筹集了大量的善款。但在一片叫好声中，互联网募捐也产生了相关的问题：慈善募捐的原始信息是否真实、资金的去向是否合规、如何实现资金监管等。这一系列的问题都成为互联网慈善公益执行者需要自证清白的事情，而自证清白的过程却需要耗费巨大的人力物力。

互联网慈善公益出现之前，如何将公益募捐信息发布、如何聚集爱心人士是慈善公益事业发展的主要瓶颈，公益募捐所能发布的内容和所能影响的范围也都是有限的。而互联网为慈善公益募捐信息的发布和传播、爱心人士的聚集打开了便捷之门，但随之而来的其他系列问题又出现了：海量的求助信息如何判断其真实性、资金如何有效地监管、信息如何可信地公布……很多问题依然不能靠现有的互联网体系来解决。求助信息的真实性证明、资金的监管、项目执行过程的监督都是在互联网之外操作的，这样就限制了互联网慈善公益项目的开展。这些问题的根源在于在传统互联网环境下，彼此的信任关系很难建立，人们只能在传统线下模式下构建信用的建立过程，这样就导致部分过程需要脱离互联网而存在，极大地提高了慈善公益的成本并降低了效率。

区块链是“构建信任的机器”，通过“互联网＋区块链”可以建立起互联网上的信任关系。首先区块链作为信任建立的桥梁将慈善公益中所涉及的相关机构、人员连接起来，如图4.13所示。大家共同拥有慈善公益的相关数据，并共同构建这个数据库。信息被所有人共享，没有人可以垄断数据，也没有人可以任意操作数据，参与各方只能按事先约定的规则充实和完善数据。

连入区块链的机构需要通过审核，提供真实的资格认证文件，每个参与机构均需要持有特定的数字签名密码或USBKEY，写入区块链的信息需要签名确认，慈善公益募捐平台、慈善机构可根据各机构的历史信誉选择合作

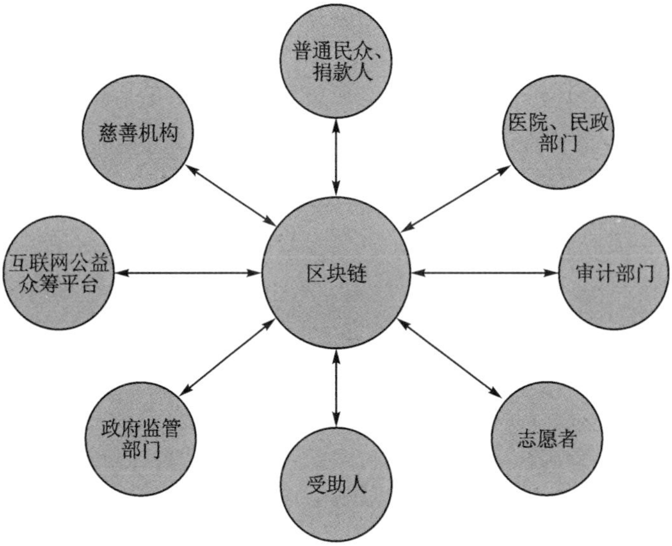

图 4.13　慈善公益涉及机构图

伙伴。

受捐人、志愿者、医院、民政部门、慈善机构等可以相互合作组合成慈善信息发布的角色，将真实可信的求助信息发布到区块链中。

互联网公益募捐平台、慈善机构可以组合成互联网慈善公益募捐的发布角色。

政府机关、志愿者、公证处、民政部门、普通民众、捐款人可以成为慈善公益项目的监督者，政府监管部门、民政部门、审计部门可以参与项目审计。

所有数据都是按时间随慈善公益项目的推进由参与各方写入区块链的，并基于区块链数据的不可篡改性按时间次序保存，以保证数据的真实性和可追溯性。每一个参与机构都有慈善公益项目的数据备份，每个参与机构都见证数据的原始性。

对于区块链慈善公益平台，有人造假怎么办？

由于建立在区块链基础之上的慈善公益平台有以下特点：

① 写入区块链的信息无法抵赖；

② 所有信息都可追溯到具体发生的时间和负责人；

③ 捐款人、受捐人、审计部门、政府监管部门等都参与数据的审核；

④ 如果信息造假，则造假的原始信息将永远留存，造假罪证将被所有参与者见证。

区块链应用到慈善公益正是中国慈善公益领域公信力重构的一次难得的契机。区块链作为“构建信任的机器”正是建立慈善公益公信力的有利工具。另外，区块链天生就在资金管理、资产管理、身份认证、合约管理（智能合约）等领域有着不可替代的优势。而这些又是慈善公益核心的工作内容。区块链慈善公益平台，无论在提高慈善公益公信力，还是在提高慈善公益项目的执行效率方面，都有着明显的优势。

基于区块链构建的慈善公益管理平台，有利于加强监管，提高信息的可追溯性，提高公信力，必将促进我国慈善公益事业的良性发展。

4.6 区块链电子数据存证服务平台

4.6.1 行业分析

在互联网的快速发展过程中形成了大量电子数据，形式包括网页、博客、微博、朋友圈、电子邮件、即时通信、用户注册信息、身份认证信息、电子交易记录、电子合同、文档、图片、音视频等，在司法实践中，如果这些数据能够成为有效证据，则能对案件的判决起到关键性作用。电子数据的产生使得证据的形式多样化，但是，由于电子数据具有无原件、容易修改和删除等特点，也给数据采集、取证工作带来如下困难：

- ✓ 证据易于伪造或销毁：电子数据一般采用中心化存储和管理方式，一旦产生纠纷，存储数据的一方可把数据销毁或修改为对己方有利的证据，存在不公平现象。
- ✓ 取证难度大、成本高：数据取证涉及提交申请、现场采集、完整性校验、封存备份、录像等流程，过程复杂，取证难度大、成本高。
- ✓ 证据法律效力较弱：电子数据容易篡改，无可资对照的原件，且难以追溯和认定电子数据形成过程中的相关参与方，所形成的鉴定报告往往法律效力较弱。

4.6.2 解决方案

为解决上述问题，众签科技打造了区块链电子数据存证服务平台（以下简称“存证平台”），该平台利用区块链技术对目前电子数据存证方案的不足之处进行优化，借助区块链集体维护和不可篡改的特点，为用户提供电子数据存证服务，实现证据固化，产生纠纷时，所存证的数据可成为有效证据。

存证平台具有以下特点：

- ✓ 不可篡改：存证平台采用联盟区块链对电子数据进行存证，借助区块链不可篡改的技术特性确保数据无法篡改，此外，该联盟链由众签科技联合公证、司法鉴定、仲裁和法院等权威机构共同打造和维护，能够有效避免出现区块链核心节点合谋篡改或销毁数据的情况，从而有效提高存证数据的权威性，确保存证数据的强法律效力。
- ✓ 不可抵赖：在用户进行数据存证前，存证平台需要对用户进行身份认证并为用户申请由合法 CA 机构签发的数字证书，在进行数据存证时，用户需要使用其数字证书对数据进行电子签名，确保用户对存证数据无法抵赖。

✓ 保护隐私：存证数据往往包含用户隐私或商业机密，为确保数据安全，存证平台实现了内容授权管理机制。如图 4.14 所示，存证用户往区块链写入存证数据前，可对存证数据进行加密，然后通过授权管理为其他用户授予存证数据读取权限，只有被授权的用户才可以查看存证数据明文。

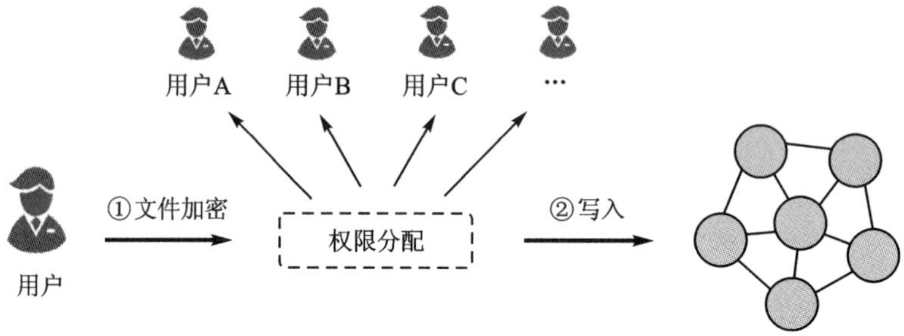

图 4.14　存证数据加密和授权管理机制

用户使用存证平台进行存证后，一旦产生纠纷，所存证数据可作为有效证据。如图 4.15 所示，公证、司法鉴定、仲裁或法院等相关机构可在自身维护的区块链节点中提取数据，并依此出具仲裁机构和法院认可的公证函和司法鉴定报告等文件。

4.6.3　应用场景

电子数据存证的应用场景之一是电子合同存证。以往，电子合同数据一般保存在第三方电子合同平台运营方，产生纠纷时，需要由平台运营方向司法鉴定中心提交相关证据，司法鉴定中心对相关证据进行鉴定分析后出具司法鉴定报告。使用存证平台后，电子合同的存证和取证流程会发生如下变化：

✓ 存证方面。身份认证信息、电子合同签署过程信息、电子合同文件等

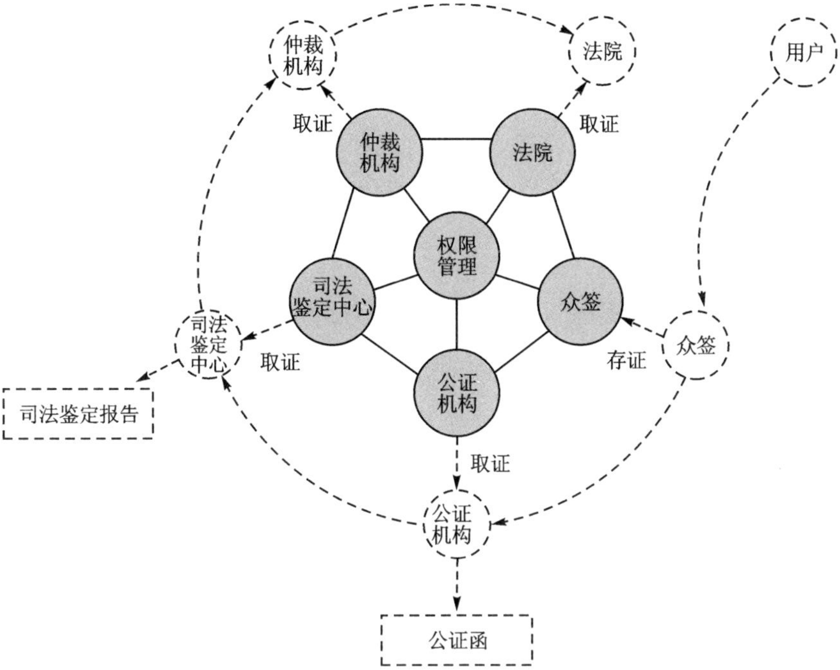

图 4.15　区块链存证和取证服务

数据将在加盖电子合同平台运营方签名后存入区块链。

✓ 取证方面。产生纠纷时,电子合同平台运营方无需再提供数据,相关机构可依据区块链上的存证数据出具公证函、司法鉴定报告或直接采纳存证数据作为有效证据,公证函、司法鉴定报告等文件也可以存入区块链,供仲裁机构或法院调取使用。

使用存证平台后,一方面,电子合同数据由公证、司法鉴定、仲裁和法院等权威机构共同维护,存证数据更加权威、法律效力更强;另一方面,公证、司法鉴定、仲裁和法院等权威机构可直接从联盟链获取证据,实现取证工作协同,取证效率更高。

参考文献

[1] 佚名. 常见问题[R/OL].[2017-3-17].https://bitcoin.org/zh_CN/faq#what-is-bitcoin.

[2] 佚名.大卫·乔姆[R/OL].(2014-1-2)[2017-3-17]. http://wiki.8btc.com/doc-view-186.htm.

[3] 张健.揭秘比特币和区块链(一):什么是区块链[R/OL].(2016-03-22)[2017-3-17]. http://www. infoq. com/cn/articles/bitcoin-and-block-chain-part01.

[4] 腾讯微博.德国成为首个承认比特币合法货币地位国家[R/OL].(2013-08-19)[2017-3-17].http://tech.qq.com/a/20130819/017676.htm.

[5] 程婕. 比特币又要火? 美国首次将其视作大宗商品[R/OL].(2015-09-22)[2017-3-17].http://news.sohu.com/20150922/n421767276.shtml.

[6] 腾讯证券微博. 欧洲法院裁定比特币是一种货币而非商品[R/OL].(2015-10-23)[2017-3-17].http://stock.qq.com/a/20151023/003312.htm.

[7] O'Reilly Media, Inc. Blockchain: Blueprint for a New Economy. 2015.

[8] 中国区块链技术和产业发展论坛.中国区块链技术和应用发展白皮书.2016.

[9] Glatz F .什么是智能合约[R/OL].(2014-12-14)[2017-3-17].http://www.8btc.com/what-are-smart-contracts-in-search-of-a-consensus.

[10] 众筹金融研究会. 超级账本白皮书(翻译更新版)[R/OL].(2016-09-28) [2017-3-17]. http://business. sohu. com/20160928/n469349710. shtml.

[11] 全国信标委软件工程分技术委员会. 超级账本白皮书(翻译更新版)[R/OL].(2016-07-22)[2017-3-17]. http://www. weixindou. com/p/A5N13A04K8.html.

[12] 李启雷. Hyperledger 详解[R/OL].(2016-9-26) [2017-3-17].http://8btc.com/article-3758-1.html.

[13] 阎冠和. 初探政务大数据[R/OL].(2016-08-19)[2017-3-17].http://www.datayuan.cn/article/6546.htm.

[14] 李珮.解决痛点供应链金融发展将迎来爆发期[R/OL].(2016-05-09)[2017-03-17]. http://www. financialnews. com. cn/if/201605/t20160509_96782.html.

[15] 周假. IBM 和 Mahindra 合作开发供应链金融的区块链解决方案[R/OL]. (2016-12-06)[2017-03-17].http://www.01caijing.com/article/12492.htm.

[16] 新浪科技.区块链助阵富士康扩大供应链金融服务[R/OL].(2017-03-08) [2017-03-17]. http://tech. sina. com. cn/i/2017-03-08/doc-ifycaafp2261390.shtml? qq-pf-to=pcqq.c2c.

[17] 王思宇. 从应用角度告诉你区块链到底有哪些场景和市场前景[R/OL].(2016-08-04)[2017-03-17]. http://iof. hexun. com/2016-08-04/185326619.html.

[18] 比特币新闻.区块链支付为跨境电商提供支付解决方案[R/OL].(2016-03-09)[2017-03-17].https://www.okcoin.cn/t-1011531.html.